不止于赋能

企业人才发展中心创建指南

李振印 著

MORE THAN
EMPOWERMENT

A GUIDE TO CREATING
A CORPORATE TALENTS
DEVELOPMENT CENTER

本书论述了企业人才发展中心的战略性地位，创造性地提出了创建企业人才发展中心的"4-12"模型，并就企业人才发展中心的使命、愿景、价值理念如何设计确立，基本功能、主要职责、用户对象如何梳理界定，产品与资源体系（项目、课程、师资）如何规划建设，以及企业人才发展中心管理模式如何选择、内部组织架构如何设计、数字化学习管理系统如何建设等问题展开论述。本书结构严谨，内容翔实，极具实用指导价值。

本书适合企业高管、人力资源管理人员、高校经管专业师生阅读。

图书在版编目（CIP）数据

不止于赋能：企业人才发展中心创建指南 / 李振印著 . —北京：机械工业出版社，2023.2
ISBN 978-7-111-72263-2

Ⅰ. ①不… Ⅱ. ①李… Ⅲ. ①企业管理—人力资源管理—指南 Ⅳ. ① F272.92-62

中国版本图书馆 CIP 数据核字（2022）第 252837 号

机械工业出版社（北京市百万庄大街 22 号　邮政编码 100037）
策划编辑：朱鹤楼　　　　　　　责任编辑：朱鹤楼
责任校对：龚思文　张　薇
责任印制：李　昂
北京联兴盛业印刷股份有限公司印刷
2023 年 5 月第 1 版第 1 次印刷
170mm×230mm · 14.25 印张 · 1 插页 · 186 千字
标准书号：ISBN 978-7-111-72263-2
定价：68.00 元

电话服务　　　　　　　　　网络服务
客服电话：010-88361066　　机 工 官 网：www.cmpbook.com
　　　　　010-88379833　　机 工 官 博：weibo.com/cmp1952
　　　　　010-68326294　　金 书 网：www.golden-book.com
封底无防伪标均为盗版　机工教育服务网：www.cmpedu.com

| 推荐序一 |

一个多月前,振印说他有一本关于企业人才发展中心的书准备出版,问我能不能给他写一篇序言。得到这一消息后,我颇感欣喜,一是为振印的努力和坚持,二是这一话题也让我的思绪不禁回到从前奋斗过的地方。从2006年担任原宝钢集团教育培训中心主任起,到2017年由中国宝武集团人才开发院调任至集团公司治理部,我在企业员工学习和人才培养专业线上服务了11年。李振印博士正是我任职于宝钢人才开发院时的同事。

宝钢人才开发院成立于2007年。宝钢是一家高度重视员工培养和人才发展的企业,"两个为荣"的文化(即"员工以到领导力发展中心接受培训为荣"和"各级管理者以到人才开发院授课为荣")便是宝钢重视员工培训的一个生动证明。在集团公司的有力领导下,宝钢人才开发院取得了不俗的成绩,也获得了国内外同行的普遍赞誉。这一段任职经历对我个人来说十分宝贵,也让我对企业人才发展工作建立了深厚的情感。虽然离开这一领域已有5年,社会发展之迅猛也如电光火石,但是大多数事物的一些底层逻辑,在时间面前还是很有生命力的。我若干年前发表的一篇旧文——《自检一流企业大学必备的六大关键能力》放在今天来看,对于企业创建人才发展中心仍具有一定的价值,在此摘取部分内容。

（一）具备外部视角，了解发展趋势

企业人才发展中心是企业对外交流的重要窗口与专业平台，企业在对外交流中应积极了解外部资讯，知晓行业发展动态，掌握学习发展趋势，通过交流、学习和借鉴，培育并具备外部视角和独立第三方视角的专业能力，并应用这种视角与能力检视人才发展中心本身乃至整个企业，针对问题提出解决方案，最终服务和促进企业发展。

（二）明确需求来源，掌握需求动态

企业人才发展中心的终极使命是服务于企业战略，包括企业的各级组织和全体员工，以及因协同支撑经营单元而需要将培训或咨询等业务拓展延伸至供应链，但这种业务的拓展和输出并不是企业人才发展中心单独所为，而是应企业内部某一业务组织的需求协同输出的。从这个意义上讲，企业人才发展中心并不天然具有拓展市场化业务的职责，但其应尽全力满足企业本身为发展业务、实现战略所衍生的各种需求。明确需求来源之后，掌握需求动态至关重要。VUCA时代，在企业转型变革中的混序状态下，企业人才发展中心要对业务保持敏感，抓住客户的痛点，不断迭代试错解决方案，加强管理能力。只有这样，才能对客户需求清晰、及时地掌握，准确、有效地满足客户需求，真正成为客户可以信赖的业务伙伴，增强客户黏度，巩固自身的价值地位。

（三）增强整合能力，运用内外资源

企业人才发展中心区别于传统培训中心最重要的一点是，它是一个去中心化平台。建设企业人才发展中心对企业整合利用内外部资源和营造学习生态圈的能力有一定的要求。作为促进组织学习和员工发展的专业化机构，人才发展中心要具备有效整合和利用企业内外资源的能力。通过对内外部资源的专业化整合与运用，使客户需求得到快速、准确、友好和有效的满足，实现企业组织和员工的发展。在互联网时代，企业人才发展中心不仅要服务好学员，还要调动起学员，使"客户创造内容、员工创造课程"成为重要模式，使人才发展中心成为融合各类学习主体与资源要素共建共享的学习生态圈。

（四）提供工具方法，助推变革转型

企业人才发展中心或许难以引领企业的变革，但其能够提供工具与方法论帮助企业管理层去策划和推动变革。人才发展中心应该是一个赋能机构。在企业变革方向已经明确的情况下，人才发展中心应为企业变革提供路径与人才支撑，要思考和帮助企业实现做事更有效率，方式方法灵活多变，共创更多的智慧；在企业变革方向不明确的情况下，人才发展中心要思考怎么才能帮助管理层更好更快地找到方向。这就是企业人才发展中心的赋能职责。

（五）注重实践教学，善于前瞻思考

案例教学偏重于从已发生的事件中总结经验教训，而实践教学主要是基于现实问题寻找解决方案，两种教学都属于情景式学习，是企业培训中备受推崇、效果显著的重要学习手段。但是，这两种手段的推行需要公司高层亲自参与和大力推动才能保证学习成效。企业人才发展中心不仅要注重历史经验的总结和对当下问题的解决，还要在聚焦企业战略、支撑公司经营的过程中，针对企业的战略规划、商业模式、运营管理等方面积极开展前瞻性思考，力争走在企业变革转型的前面，为企业变革转型提供智力支撑和宣传引导。

（六）借力杠杆撬动，借势高管推动

企业人才发展中心在推动企业学习和发展的过程中，要善于借力和借势。人才发展中心要以学习项目的策划实施、知识理念的管理输出和企业的制度机制为杠杆，撬动企业业务，融入业务流程，体现其在业务发展方面的价值。人才发展中心要准确到位地理解和执行企业高层的意图，确保高质量完成上级明确部署的工作，还要对企业战略做出价值创造和有效贡献，争取获得上级的重视、支持和深度参与，借势增强人才发展中心的战略匹配能力和业务影响力，

为人才发展中心的持续建设和良性发展创造更加有利的条件。

光阴流转，岁月不居，有心的人总能在流淌的时间里追寻自己的志趣，获得一些启发。振印能将多年的工作实践进行总结，并分享给更多的人，这是难能可贵的，也是值得祝贺的。

本书既有实践基础，又有理论建构，对企业创建人才发展中心的理念、条件、步骤、资源保障等方面都做了十分翔实的阐释和论述，内容真切、逻辑清晰，是一本名副其实的行动指南。希望本书的出版能为从事人才发展、组织学习的同仁们和对此有兴趣的朋友们打开一扇窗，提供一些借鉴。也祝愿振印在企业人才发展中心建设领域有更多更深入的实践和研究，取得更多更优秀的成果。

秦长灯

教授级高级经济师

中国宝武集团战略规划部总经理

原宝钢集团人才开发院院长

| 推荐序二 |

　　人才是建设社会主义现代化强国的战略资源，是企业基业长青的重要基石。为获得持续增长和健康发展，企业应积极投身新时代人才强国战略，大力促进内部人才成长，着力打造高水平人才梯队，有效提升人才自主培养能力，进而建立人才发展优势，为企业的经营与发展铸就根本性的资源保障和竞争优势。任何一家矢志追求卓越的企业，都会秉持开放的态度积极参与产业链、创新链、价值链的构建，在市场竞争和满足需求中掌握主动、赢得先机、建立影响，加快形成具有业务价值和战略意义的人才发展体系与人才资源优势。

　　随着人才发展日渐成为企业重要战略议题，创建人才发展中心也被广泛地视为提升企业人才自主培养能力的必然要求，以及达到这一目的的重要抓手。创建企业人才发展中心将有利于建立和完善企业人才培养与发展机制，促进企业员工队伍的能力提升；发挥既有的学习资源优势，增强企业的组织学习能力，建设学习型组织；助力企业对标行业乃至世界一流水准，为人才发展以及产品、服务与经营的创新塑造更为有利的氛围；以及树立企业社会形象和雇主品牌，增强对人才的吸引。

　　人才是第一资源。企业以人才而立，以人才而兴。企业创建自己的人才发展中心，是企业为发展员工、培养人才，最终赢得竞争优势的自主战略举措。企业人才发展中心既是企业人才的培养基地，也是企业的学习高地和创新高地，能够为企业打造开放的学习空间，营造创新的氛围。著名科学家杨振宁在回忆自己的芝加哥大学求学经历时说过："一个具备长期科学积累的地方会营造一种科学的'空气'，在那里可以捕捉到对于当时而言最重要的研究方向，可以知道该用什么新角度去摸索。"杨先生所指的"空气"就是一种能够吸引人才、带动人才、驱动人才、成就人才的传统、平台、氛围和环境。在打造服务本企业乃至整个行业的人才高地的同时，企业更希望能够发挥人才发展中心的平台作用，面向企业内外建立交流、分享的常态化机制，吸引人才、集聚智力、共享资源，由此为企业的经营与发展创造更多机会、增添更多动力。

人才的培养和成长不是一蹴而就的，而是需要战略定力与持续投入的。企业人才发展中心的创建也不应是一时的考量，更不能成为某个应景之举，而是一项经过顶层设计、统筹谋划、坚持到底的重要战略决策。企业在决定是否创建人才发展中心之前，需要对创建的必要性和创建后其运营所需资源投入的持久性有足够清晰、全面的认知。换言之，由于人才的极端重要性、人才培养的长周期特点，以及人才发展机制的复杂性，使企业创建人才发展中心并不是一件简单和容易的事情。

《不止于赋能：企业人才发展中心创建指南》围绕如何科学、有效、高质量地创建一所人才发展中心进行了细致的论述，清晰地规划了企业人才发展中心的创建步骤，为企业创建人才发展中心提供了可直接应用的工具与方法。

在本书中，李振印博士提出，并不是所有的企业都需要创建自己的人才发展中心，企业创建人才发展中心需要满足"天时""地利""人和"的条件。企业人才发展中心的功能设置因企业发展阶段、经营业务、治理模式等不同而不同。但总的来说，企业人才发展中心的作用归根结底可以定位为"教书""育人""共业""创新"这四个方面。企业人才发展中心的创建事务繁杂，涉及方方面面，针对这一挑战，本书提出了"4-12"模型，将企业人才发展中心的创建步骤规划为 4 个阶段、12 个步骤，让学习者对企业人才发展中心的创建路径清晰明了。因此，从一定程度上来说，《不止于赋能：企业人才发展中心创建指南》已不只是一本"建设指南"，更是一份逻辑缜密、内容翔实、步骤清晰、操作性强的创建企业人才发展中心的"实施方案"。

相信本书的出版能为众多企业创建和变革优化人才发展中心，为广大企业的人才发展工作带来科学的指导和有益的帮助。

姚 凯

复旦大学管理学院教授、博士生导师

国家社会科学基金重大项目首席专家

上海市人才理论研究基地首席专家

复旦大学全球科创人才发展研究中心主任

| 前言 |

以摩托罗拉大学1993年设立中国区分校为标志,"企业大学"开始正式出现在中国境内。1998—1999年,海信学院、海尔大学先后成立,此后,中国本土的"企业大学"如雨后春笋般涌现。近30年来,"企业大学"在中国经历了一个由舶来概念到本土实践再到成为一种现象的发展过程。

在企业大学建设风起云涌、如火如荼的同时,一些问题也随之产生并日渐突出。2021年5月,教育部等八部门联合印发《关于规范"大学""学院"名称登记使用的意见》(简称《意见》)。《意见》指出,近年来,一些企业内设培训机构、社会组织,未经批准冒用"大学""学院"名称,并对外开展宣传、招生等活动,造成社会公众误解,扰乱了教育秩序,产生了不良影响。为全面清理整顿"大学""学院"名称使用乱象,规范名称登记使用行为,牢牢坚守社会主义办学方向,《意见》规定,对企业设立的、无须审批登记的内设培训机构,有关部门要指导和督促其规范名称使用行为,不得使用"大学""学院"字样的名称及简称开展任何形式的宣传等活动。

面对"更名"的要求,寻找一个什么样的词汇来代替"企业大学"呢?《意见》出台以来,大家为更名颇费周章,想出的称谓也是五花八门,似乎还没有为它找到一个清晰、准确且被广泛认同的新名称。但是,无论企业实践,还是理论研讨,都需要有一个名词来指代这种事物、现象或活动。按照《意见》的要求,接下来,我将在本书中讨论"企业大学"的"前世"与"今生",且以"企业人才发展中心"来代指和接续原来的"企业大学"(个别情况除外,如已公开出版的著作书名就不便更改)。不得不承认,无论是"企业人才发展中心"还是其他目前可以想到的称谓,似乎都没有"企业大学"那么形象、通俗、简练、直抵人心——不知道这是不是因为受了"先入为主"思维的束缚。

作为企业学习发展和人才培养的一种新的形态,人才发展中心被普遍视为助推企业发展的重要引擎,其战略作用日益凸显。进入21世纪后,特别是近十余年来,一批批企业人才发展中心挂牌成立,许多具有一定规模的企业已建立自己的人才发展中心。

实践的深入与丰富必然会激发理论研究的兴趣。现今国内高校学者、企业人才发展中心的实践者和咨询服务机构的专家,聚焦中国企业人才发展中心,著书立说。这些论文著作各有不同的角度、思路及观点,我们从中不仅能找到共识,也能看到分歧,还能够发现由于作者背景不同,成果不仅风格迥异,关注点也不尽一致。

国外专著的引进与翻译对国内企业人才发展中心的研究发挥着引领、辅导和借鉴的重要作用。比如,珍妮·C.梅斯特的《企业大学:为企业培养世界一流员工》(徐健、朱敬译)和马克·艾伦的《企业大学手册:设计、管理并推动成功的学习项目》(饶晓芸译)就被国内研究者频繁引用,有一定的借鉴价值。

国内企业人才发展中心的建设实践正处于发展、探索、突破、创新和进一步深化的重要阶段,这在客观上也决定了有关企业人才发展中心的理论研究层次。纵观已有的文献和论著,无论是国内作者(机构)的论述,还是国外作者的著作,都或多或少存在一些不足。它们更多表现为各类实践案例的汇编,缺少理论建构和体系化阐释,难以为国内本土建设企业人才发展中心提供系统的解决方案。

　　理论研究和具体实践需要通过"人"获得连接、得以融合。目前我们关于企业人才发展中心的高质量研究成果总体上并不丰富，系统化的理论体系也没有真正建立。究其原因，主要分为两个方面。其一，一线的实践者们虽对企业人才发展中心的研究和讨论普遍热情高涨，但他们大多忙于事务工作，疏于理论构建，难以将实践经验总结为理论。其二，多数高校学者与咨询机构的专家，对于企业人才发展中心相关知识的掌握不够全面、理解不够贴切，缺乏实践经验。

　　理论研究和创新需要有丰富的实践土壤。中国已经是世界第二大经济体，并正在走向更加伟大的复兴。经济的长期持续发展不仅孕育、推动着企业的繁荣生长，也为企业人才发展中心的实践创造了无比广阔的空间，企业人才发展中心的理论研究必将随着中国经济的繁荣和中国企业的腾飞而不断发展、完善。可以断言，中国智慧必将为世界新经济理论的创建做出重大贡献，中国企业的人才发展中心也一定能够成长为世界的标杆，中国也将随之成为世界企业人才发展中心研究的高地。

　　为回应如何规划建设好企业人才发展中心的现实而急切的认知需求，本书基于我参与企业人才发展中心规划建设的亲身实践，在长期对标研究和经验总结的基础上，围绕如何认识企业人才发展中心的价值和作用，如何规划和建设企业人才发展中心，以及企业大学为适应新的要求如何变革发展等核心问题，选取企业人才发展中心从规划到建设的一系列关键问题和典型场景进行了系统性论述，对企业人才发展中心的规划、创建给出了相对完整且具有理论逻辑和可操作性的解决方案。

　　本书以"不止于赋能"为主书名，意在表明，人才发展中心发展至今天，已不只是承担为企业组织和员工"赋能"这类功能了，作为一个战略性部门，人才发展中心还应在此基础上,根据企业战略的需要,深度融入企业业务,积极拓展业务边界,不断创新,努力成为创造更大战略价值的企业价值中心。

如何从零开始,高质量建成企业人才发展中心,是本书努力解答的核心命题。本书坚持企业战略导向,以"不止于赋能"为企业人才发展中心的价值追求,按照顶层设计、系统规划、分步骤实施的思路,从"筑基""铸魂""立身""固本""建章""成势"等方面为企业创建人才发展中心提供系统的、可操作的实施方案,努力为人才发展中心的创建者与从业者们建构一份相对完整的建设指南和一套可以应用的知识体系。

全书共有八章。

第一章对有关企业人才发展中心的定义进行了分析和澄清,清晰回答了何为企业人才发展中心、企业人才发展中心为什么兴起以及人才发展中心与传统培训中心的区别。

第二章讨论了企业人才发展中心为什么应该成为战略性部门,人才发展中心⊖在企业组织架构中的位置如何设计;企业人才发展中心是成本中心还是利润中心。明确人才发展中心的基本定位。

第三章从"天时""地利""人和"三个角度分析企业人才发展中心创建的条件,并提出创建人才发展中心的"4-12"模型,这一模型是创建企业人才发展中心的重要方法论。

第四章~第七章依次以"铸魂""立身""固本""建章"为题,按照"4-12"模型建构的人才发展中心创建路径,分别就人才发展中心的使命、愿景、价值理念如何设计确立,基本功能、主要职责、客户用户对象如何梳理界定,产品与资源体系(项目、课程、师资)如何规划建设,以及人才发展中心的管理模

⊖ 书中"人才发展中心"和"企业人才发展中心"指代相同。

式如何选择、内部组织架构如何设计、数字化学习管理系统如何建设等问题展开论述。

第八章主要讨论如何推动企业人才发展中心建设项目的落地，介绍了企业创建和运营人才发展中心的若干模式，并对是否需要建设实体基地进行了分析。

结语部分指出，企业人才发展中心的建成并不是终极目标，"运营"才是人才发展中心创造战略价值的关键。

| 目 录 |

推荐序一

推荐序二

前　　言

第一章　企业人才发展中心：并非新瓶装旧酒　　1

　　第一节　企业人才发展中心的本质与定义　　1

　　第二节　企业人才发展中心为什么兴起　　7

　　一、企业的需求是人才发展中心建立和发展的根本原动力　　8

　　二、知识经济和学习型组织建设为企业人才发展中心的发展
　　　　创造有利条件　　9

　　三、员工为实现与企业共同成长需要人才发展中心提供学习服务　　10

　　四、人才发展中心是满足企业组织学习发展要求的高级形态　　11

　　第三节　企业人才发展中心不是传统的培训中心　　14

　　一、本质上的区别：现代与传统　　16

　　二、地位上的区别：战略性与事务型　　17

　　三、理念上的区别：共享服务与行政管理　　18

　　四、功能上的区别：立体化与单一化　　19

　　五、能力上的区别：解决问题与传授知识　　20

第二章　成功的关键：企业人才发展中心的定位　　23

　　第一节　人才发展中心是企业的战略性部门　　23

一、战略性部门的基本特征　23
二、人才发展中心为什么能够成为战略性部门　25
三、人才发展中心要建立战略自信　30

第二节　人才发展中心在企业组织结构中的位置　31

一、人才发展中心与企业高层的关系　32
二、人才发展中心与人力资源部门的关系　35
三、人才发展中心与业务部门、员工的关系　38

第三节　成本中心还是利润中心：人才发展中心的选择　40

一、"人才发展中心是成本中心还是利润中心"问题的实质是什么　40
二、"人才发展中心是成本中心还是利润中心"为什么难以回答　42
三、一种答案：人才发展中心是价值责任中心　45

第三章　筑基：企业人才发展中心创建的条件与步骤　49

第一节　创建人才发展中心的基础条件　49

一、"天时"之需：人才发展中心是合乎时机的选择　50
二、"地利"之基：人才发展中心是基于能力的选择　52
三、"人和"之选：人才发展中心是人心所向的选择　56

第二节　人才发展中心的创建逻辑与步骤　58

一、人才发展中心创建路线模型　58
二、创建人才发展中心的12个步骤　60

第四章　铸魂：企业人才发展中心的使命愿景与价值理念　67

第一节　人才发展中心的使命愿景由企业战略规定　67

一、确立使命与愿景的意义　69
二、如何确立人才发展中心的使命和愿景　72
三、确立人才发展中心使命与愿景的四个原则　76

第二节　人才发展中心价值理念的设计　79

一、人才发展中心的价值理念钻石模型　79
二、如何设计人才发展中心的价值理念和原则　81

第五章 立身：企业人才发展中心的角色与功能　89

第一节　人才发展中心的基本功能　89
一、人才发展中心基本功能山峰模型　91
二、"育人"功能　93
三、"教书"功能　94
四、"共业"功能　96
五、"出新"功能　97

第二节　人才发展中心的主要职责　99
一、建立机制　100
二、搭建平台　101
三、整合资源　102
四、战略宣导　103
五、专业赋能　103
六、引领学习　104
七、组织研究　106
八、催化变革　107

第三节　人才发展中心的服务对象　108
一、服务对象：客户和用户　109
二、人才发展中心服务对象的三个层次　111
三、服务的去边界化和服务职责的边界　115

第六章 固本：企业人才发展中心的产品与资源　117

第一节　人才发展中心项目体系的规划　117
一、从学习发展需求到学习发展项目的两种路径　118
二、学习发展项目体系的三种典型结构　120
三、学习发展项目体系的构建基础　125

第二节　人才发展中心课程体系的规划　129
一、规划建设课程体系的基本逻辑　129
二、规划建设课程体系的基本步骤　131
三、课程体系与学习地图　135

第七章　建章：企业人才发展中心的流程与制度　139

第一节　人才发展中心管理模式的确立　139
一、人才发展中心的决策机构和执行主体　139
二、人才发展中心的四种业务管控模式　142
三、人才发展中心的业务如何协同　145

第二节　人才发展中心内部组织结构的设计　151
一、人才发展中心组织结构设计实施主要步骤　151
二、人才发展中心的三种典型结构模式　153
三、人才发展中心组织结构设计的影响因素和总体思路　160

第三节　人才发展中心学习管理系统的规划建设　163
一、确定学习管理系统的建设方向和总体任务　163
二、员工学习平台　166
三、学习业务管理平台　167
四、数据分析平台和集成平台　173
五、学习管理系统的建设思路　174

第八章　成势：企业人才发展中心建设项目的落地　177

第一节　人才发展中心的建设模式　177
一、人才发展中心的创建模式：独立自主、部分委托、完全委托　178
二、人才发展中心的运营模式：独立自主、部分委托、完全委托　181
三、人才发展中心建设模式分析　184

第二节　人才发展中心的实体基地建设　187
一、建设人才发展中心实体基地的效应　187
二、人才发展中心实体基地的建设内容　191
三、建设人才发展中心实体基地需要考虑的几个重要问题　192

结语　200

后记　202

谨以此书

献给在这个深刻变革的时代坚持奋斗与学习的人们。

| 第一章 |

企业人才发展中心
并非新瓶装旧酒

第一节　企业人才发展中心的本质与定义

企业人才发展中心早已不是一个新鲜的事物了。过去近30年，企业人才发展中心在国内获得了广泛关注。时至今日，企业人才发展中心更是成为一种现象，人们对它的实践和研究的兴趣也依旧浓厚。然而，在"什么是企业人才发展中心"这个最为基本的问题上，我们似乎还没有取得一个明确、清晰且被普遍接受的定义。

企业人才发展中心的概念对于我们来说是个舶来品。虽然摩托罗拉大学创始人之一普瑞姆·库玛（Prim Kumar）曾在接受采访时说，全球第一所企业人才发展中心是在中国诞生的——他凭借山西平遥古建筑墙上留下的17世纪钱庄有关教授雇工技能的字样而做出这一略显夸张的结论。显然，这种客套之词只能听听而已，是算不得数的。实际上，现代意义上的企业以及由其发展而产生的附属物——企业人才发展中心都诞生于西方资本主义发达国家，西方关于企业人才发展中心建设实践的研究也远早于国内。

我们先来看看西方的研究者们是如何定义企业人才发展中心的。

珍妮·C. 梅斯特（Jeanne C. Meister）在企业人才发展中心研究领域负有盛名，她在 1994 年就完成了《企业质量大学》（Corporate Quality University）的写作，三年后又出版了《企业大学：为企业培养世界一流员工》（Corporate University: Lessons in Building a World-class Work Force）。在这两本著作中，她的观点一以贯之：企业人才发展中心是一把教育与发展企业员工、客户和供应商的战略伞，以达成企业目标和实施商务战略，是企业获得市场竞争优势的工具。她认为，企业人才发展中心既是高等教育的先进模式，又是企业文化变革的关键工具，其对象不仅有企业内部员工，而且还有供应链上的关键成员，包括企业的顾客与供应商。因此，企业人才发展中心是"企业为实现组织的经营战略而采用的一种为员工、顾客和供应商提供培训和教育的方式"。⊖

马克·艾伦（Mark Allen）在 2002 年编撰《企业大学手册：设计、管理并推动成功的学习项目》（The Corporate University Handbook: Designing, Managing, and Growing a Successful Program）一书时，就十分感慨当时很难为企业人才发展中心"找到一个简单的、被广泛接受的定义"。他认为，把企业的培训部门都泛称为企业人才发展中心是不合适的，做出定义的一个方法是审视其从事的活动范围，"进行经理和高管开发"是成为企业人才发展中心的"一个必要的最低标准"。马克·艾伦在综合多位校长对企业人才发展中心的定义的基础上，结合自己的观察与研究，给出了这样的定义：企业人才发展中心是一个教育实体，是一个通过开展活动以培养个人和组织的学习、知识和智慧，旨在协助其上级组织完成使命的战略工具。马克·艾伦还对该定义做出进一步说明：首先，教育是企业人才发展中心的主要功能；其次，它是帮助企业

⊖ 【美】珍妮·C. 梅斯特著，徐健、朱敬译，《企业大学：为企业培养世界一流员工》，人民邮电出版社 2005 年版，第 2、12、30、259 页。

实现使命的工具,整个企业人才发展中心的目的是支持组织的使命,要强调它的战略性质;再次,企业人才发展中心要"开展活动",这些活动旨在"培养个人和组织的学习、知识和智慧",因此,企业人才发展中心的首要重点是个人,组织是最终受益者;最后,如果培训活动"与组织使命没有直接的战略联系",或者"很少为了培养组织的学习、知识和智慧",那么培训部门就不具备作为一所企业人才发展中心的资格。○

20世纪90年代前后,企业人才发展中心这一概念被介绍、移植和引入国内,而后得到迅速发展。由于获得的定义不尽一致,多数人更愿意选择相信那些与自己主观判断相一致因而理解起来也容易的观点,从而认为企业人才发展中心就是"这样的"或"那样的",然后按照不尽相同的理解对企业人才发展中心做出进一步的观察和实践,并在实践与认知的迭代中不断更新、强化对企业人才发展中心的理解和定义。定义来源的丰富性与定义者的复杂性相叠加,使得为企业人才发展中心"找到一个简单的、被广泛接受的定义"在国内也成为一个比较棘手的难题。

吴峰是国内持续关注企业人才发展中心的研究者之一,在他看来,企业人才发展中心是为企业战略服务,以企业文化为基础,以教育理念为指导,以系统化、知识化、信息化、经济化为方法特征,以员工发展能力、领导能力、开放能力、品牌能力为能力特征,最终促进组织变革与绩效提升的非学历终身教育培训机构,是学习型社会的重要组成部分。○

侯锷、闫晓珍提出,企业人才发展中心是企业为了应对不断变化的商业环境,加强企业竞争优势的一个重要战略;是企业战略发展与变革过程的共生品

○ 【美】马克·艾伦著,饶晓芸译,《企业大学手册:设计、管理并推动成功的学习项目》,江苏人民出版社2013年版,第10-11页。
○ 吴峰著,《企业大学研究——基于学习创新的视角》,北京大学出版社2013年版。

和实现企业战略规划的战略工具；是个人和组织为了达到目标而努力成为一个"有效学习者"的过程；是以企业文化、企业战略为核心，运用现代信息科技手段，按照混合式培训模式设立的虚拟化或器物化的企业组织学习基地。㊀

凯洛格（KeyLogic）将企业人才发展中心定义为一个企业教育的实体和一个战略工具，认为企业人才发展中心可以借助不同的活动来启发及培养个人和组织的学习、知识及智慧，以协助整个公司完成任务，达成目标。㊁人才发展中心是企业对人才需求的一种必然结果，是为推动企业持续成长而建立的一个内部学习管理组织。㊂

上海交通大学原海外教育学院的李林、王红新、周怿等人指出，企业人才发展中心的诞生与经济社会的发展密切相关，是企业组织进化的产物，是企业应对新的市场环境致力于组织能力打造和管理而设置的内部机构，是新时期已经得到实践证明的培育组织战略能力的企业内部组织形式。㊃

概念不能统一，观点就必然会有分歧。与对企业人才发展中心的定义模糊类似的是，有关"第一所现代企业人才发展中心是谁"的答案也难以统一。朱迪·尼克松（Judy Nixon）等人在《企业大学 vs 高等教育机构》一书中将1927年成立的通用汽车设计与管理学院（General Motors Institute，GMI）当作最早的企业人才发展中心，而马克·艾伦认为20世纪40年代成立的诺斯洛普学院是企业人才发展中心的始祖，安德森（Anderson）等人在《德国企业大学概览》一文中确认最早的企业人才发展中心应该是1955年成立的迪士尼大学（也有人说是20世纪60年代成立的）——因为迪士尼首先使用了

㊀ 侯锷、闫晓珍著，《企业大学战略》，人民邮电出版社2009年版，第4页。
㊁ 凯洛格（KeyLogic）著，《企业大学白皮书1.0》，2007年3月版。
㊂ 王成、王玥、陈澄波著，《从培训到学习：人才培养和企业大学的中国实践》，机械工业出版社2010年版，第32页。
㊃ 李林、王红新、周怿著，《企业大学密码》，上海交通大学出版社2015年版，第79页。

Corporate University（企业大学）这一后来被广泛使用的名称。凯洛格在其《企业大学白皮书1.0》中认为，全球第一个企业人才发展中心当属GE克劳顿村（Crotonville），后又在《从培训到学习：人才培养和企业大学的中国实践》一书中表明，麦当劳于1961年创办的"汉堡大学"是世界上第一所正式化运营的企业人才发展中心。对于第一所现代企业人才发展中心的认定不能取得一致，甚至对其中某一所企业人才发展中心成立时间的不确定，其实都与我们难以统一关于企业人才发展中心的定义直接相关。

企业人才发展中心的定义难以取得一致的原因主要在于两个方面，一是企业人才发展中心本身的发展存在多样性，二是对企业人才发展中心进行定义的主体的复杂性和主观性。

在对企业人才发展中心做出定义时，由于每个定义者的分析角度、实践基础、认知水平等的不同，得出的人才发展中心的定义也就层出不穷。那么，为什么会有这么多人来定义企业人才发展中心呢？一是因为企业人才发展中心已经成为一种现象，人人都有机会认识它、实践它，而只要观察过或者参与过建设人才发展中心，大家都觉得自己有能力为企业人才发展中心做出定义——这种基于实践得来的定义往往能获得逻辑上的自洽。二是国内关于企业人才发展中心的实践发展迅猛，从事人才发展中心建设和运营的同仁们都愿意相互分享和交流，而那些曾经或正在该岗位上取得一定建设成效的人才发展中心负责人成为大家争相学习请教的对象，他们基于各自的实践和思考得出了各具特色的关于企业人才发展中心的定义，其观点通常具有较强的传播性和影响力。

企业人才发展中心的组织形态、价值功能、职责内容以及运行机制不是千篇一律的，也不是一成不变的，而是要为适应企业实际、满足企业需求不断调整和变化的。在五花八门、千差万别的定义中，有的是从功能方面形容企业人才发展中心，有的是按照业务范围，有的是从运营机制或方法工具的角度来考察和概括……这些角度所关联的内容都会因观察的企业不同而相差甚远，也会因企业的发展阶段或发展要求的不同而大相径庭。企业人才发展中心发展形态的多样性和功能内涵的可拓展性，在客观上确实为统一其定义带来了相当大的挑战。

那么，企业人才发展中心到底是什么？能不能对其做出一个最基本的定义呢？因为"企业人才发展中心"类似"企业大学"这一早已存在并已经发挥出巨大效益的机构。因此，我们不妨先从"企业大学"的字面意思来破解企业人才发展中心的定义与内涵。

（1）人才发展中心的"大学"化。一是企业打造学习型组织，员工践行终身学习理念，把企业建设成员工学习发展的大学，即企业"大学化"。二是改造和升级企业的培训工作，使员工培训如同大学课程那样体系化、规范化，以培养人为核心宗旨，促进企业人才的发展。

（2）人才发展中心的"企业"化。企业人才发展中心与大学在使命任务与运营机制、办学模式上相差甚远。企业人才发展中心是企业的一部分，是隶属于且服务于企业的，要坚持以企业发展需求为指向，以企业战略为牵引，紧贴业务、解决实际问题，而不是脱离企业现实和企业需求开展活动。

（3）"企业人才发展中心"不等于"企业+大学"，也不是"企业办大学"。成立企业人才发展中心是企业的自主行为，企业人才发展中心是在企业内部设立的主要负责员工学习发展的专门化的机构（或者说专业性的组织），不能简单地认为企业与某所大学合作办几次项目就算建成了人才发展中心。人才发展中心体现的是企业的学习哲学，企业创办人才发展中心是为员工提供实现组织战略目标所需要的知识、技能、能力和态度。

企业人才发展中心归根结底是企业发展的产物，是以服务企业为终极使命的，因此，人才发展中心的功能是灵活的、发展的、开放的，这也就决定了我们很难获得一个比较清晰、明确而具体的对企业人才发展中心的定义。因此，我们只需要对它的根本特征进行描述和界定：企业人才发展中心是企业设立和管理的以开发企业人才为主要任务、以服务企业战略为根本使命的战略性部门。企业人才发展中心的几个根本特征如下。

第一，其是由企业自主设立和管理的内部机构，不是脱离于企业的外部机构，也不是企业独立或合作设立的纳入国民教育体系的普通高等院校或职业技能学校。

第二，以人才开发为主体主业，除此之外，根据企业的实际需要，可以赋予企业人才发展中心其他功能和职责，比如管理研究、创新孵化、供应链培训等。

第三，企业人才发展中心存在的终极价值是服务企业战略，支撑企业战略实施，这是企业人才发展中心的办学宗旨和办学方向。

第四，企业人才发展中心是企业的战略性部门，具有战略性地位，能够发挥战略性作用，创造战略性价值，通俗地讲，就是要在"权责利"上体现和保证企业人才发展中心的战略性。

企业人才发展中心的灵活性与多样性为其发展带来无比巨大的空间。其发展本没有定式，在这里，我们对其做出定义只不过是为后续的讨论划定一个范围。

第二节　企业人才发展中心为什么兴起

如果把最早使用"企业大学"这一名词的迪士尼大学作为企业人才发展中心的发端，那么几十年来，企业人才发展中心已由点点星火发展为燎原之势，特别是进入21世纪后，企业人才发展中心增长的速度更是数倍于从前。从1998—1999年海信学院和海尔大学先后成立至今短短20余年的时间内，中国

本土企业人才发展中心从无到有，数量发展已远超 3000 家。[注]

企业人才发展中心为什么能以如此的速度和规模兴起？从根本上讲，这是由人才发展中心的性质所决定的。企业在其发展过程中对人才培养、知识管理以及其他相关方面有现实需求，需要有一个专业化、专门性的机构来承担相应的功能，以有效满足这些需求，从而保证企业组织目标的最终实现。换言之，人才发展中心因企业的成长与发展而诞生并兴起。当然，除了企业需求这个根本因素之外，还有其他一些力量在支持和加速企业人才发展中心的兴起。

一、企业的需求是人才发展中心建立和发展的根本原动力

任何企业，在追求持续健康发展、达成组织目标的过程中，都要面对四个方面的重大问题。一是目标—愿景问题，企业有没有建立清晰的发展愿景并使每一个成员知晓、认同，企业愿景能不能形成影响人、塑造人、激励人、凝聚人的企业文化对企业的发展具有关键作用。二是路径—战略问题，企业有没有为实现发展愿景制定战略规划，企业的规划与发展战略是否宣导到位，能不能确保落地实现。三是能力—人才问题，企业能否建立起一支能承担执行企业战略、达成企业发展目标的人才队伍，员工是否具备确保组织赢得竞争所需要的能力。四是生态—供应链问题，企业的发展与其供应链的发展互为条件，企业与供应链乃至直接供应链外的所有利益相关者构成的企业发展生态圈已经成为企业能否持续成功的重要条件。

人才发展中心在为企业解决上述四方面的问题上具有专业能力，能够创造专业价值。在目标—愿景问题上，人才发展中心可以支撑企业文化宣导、员工行为养成，还可以参与企业发展愿景的制定，为凝练、丰富和宣传企业愿景、

[注] 根据上海交通大学原海外教育学院的调查，"2008 年以后，中国企业人才发展中心每年新开 200 多所，几乎相当于每一个工作日诞生一所"。

使命和企业文化等做出贡献。在路径—战略问题上，人才发展中心作为变革的推动者，能够在企业发展战略制定、宣贯、落地执行以及实践经验总结、分享上发挥独特作用。在能力—人才问题上，人才发展中心的作用更是强大，因为人才培养和发展本来就是它的主业和专业。在生态—供应链问题上，人才发展中心可以通过培训供应链，促进企业与客户、供应商、合作伙伴以及社区、政府、学校等相关组织结成良性互动，为企业持续增长创造更加有力的生态环境。

企业为解决所面临的各类发展问题，需要设置多个职能机构和部门。在企业的系统内，通过相关工作机制，由各个部门发挥各自职能并相互协同解决问题。其中，人才发展中心发挥着十分重要且具有专业性的作用。企业对其人才发展中心的现实需求既是人才发展中心产生和发展的决定因素，也是人才发展中心不断兴起的基本逻辑，还是我们界定人才发展中心功能职责的根本依据。

二、知识经济和学习型组织建设为企业人才发展中心的发展创造有利条件

首先，在知识经济时代，知识资产是企业获取竞争优势的重要核心资产，是企业核心竞争力的本源。㊀企业的知识只有成为知识资产后才能真正成为企业的核心竞争力。运营和管理好企业的知识并使之资产化，是人才发展中心促进企业竞争能力增强的重要途径。使蕴藏在企业组织中的知识成为企业获取竞争力的资产，需要有计划、有组织、有具体举措的经营和管理。企业人才发展中心的绝大部分工作与知识相关，比如通过课程开发、案例编写等方式实行的

㊀ 普拉哈拉德和哈默尔（1990）将企业竞争优势理论从能力理论发展到企业核心竞争力（Core Competence）理论，认为企业核心竞争力是指企业组织中的积累性学习，特别是关于如何协同不同的生产技能和价值观的知识，将技能、资产和运作机制有机融合的企业自组织能力，以获得长期稳定的竞争优势和超额利润（如微软的Windows操作系统、英特尔的芯片技术）。

组织智慧萃取与传承，以及为提升企业员工专业能力、管理能力、创造力、领导力和促进企业文化传播的各类培训学习活动等，都是运用企业知识资产的具体体现。可以说，知识资产在构建企业核心竞争力上能发挥多大作用，那么，人才发展中心在为企业开发和运用好知识资产方面就能有多大空间。

其次，随着知识经济的崛起，企业迎来严峻而不确定的挑战。学习是人类赖以生存的基本技能，对个人和组织而言，没有学习能力都必将被淘汰。"终身学习是21世纪人的通行证"，对于组织而言亦是如此。在VUCA时代，企业要谋求生存与发展，唯一的方法就是增强组织整体能力，而打造成为学习型组织是企业提升体系能力、应对挑战的不二选择。根据彼得·圣吉（Peter Senge）为学习型组织设定的五项"修炼"，传统组织向学习型组织跃迁，需要建立共同愿景、实施团队学习、改变心智模式、努力自我超越、具备系统思考能力，其基础是强调组织成员应持有终身学习和团队学习的理念。企业建设学习型组织和帮助员工践行终身学习的理念，关键在于能够在企业内建立学习机制、营造学习文化、提供学习资源——而这些都应该成为企业人才发展中心的分内之事，也是其日常职责所在。

三、员工为实现与企业共同成长需要人才发展中心提供学习服务

随着社会发展的日益加速，一方面，企业的变革与转型将会成为常态，这对组织和员工的能力将不断提出新的要求。员工是否具有拥抱变革的意识、适应变革的心理，是否具备变革后新的工作岗位所要求的业务能力，对员工自身的发展和组织绩效的实现都有着直接而重要的作用；另一方面，现今知识更新迭代加快，个人掌握的知识的"保鲜期"日益缩短，今天人们的知识储备已经难以保证自身能够完成明天的工作任务。在这种情况下，员工对于学习的需求更加迫切，也会更加具体。员工为胜任岗位要求、寻求职业发展、实现个人价

值，在学习与能力提升上将会有持续不断的个性化需求，渴望企业能为其提供成长和学习的机会与资源。企业之所以培训和发展员工，是因为认同一个基本的逻辑假设：企业不断赢得竞争是以持续优秀的组织绩效为保障的（同时也是赢得竞争后的结果体现），优秀的组织绩效是建立在优秀的组织能力的基础上的，优秀的组织能力最终是来源于具备优秀的职业能力的员工，而员工的优秀的职业能力是需要通过学习与培训来维持和强化的。当然，除此之外，还有一个重要原因：实现员工与企业共同发展是建设学习型组织的基本目标和内容。建设学习型组织的企业，要与其员工达成一种盟约："组织承诺支持每位员工充分自我发展，而员工也以承诺对组织的发展尽心尽力作为回报。"㊀

企业人才发展中心是对旧有企业培训职能的升级，是适应新形势、新要求的更高能级的组织与人才发展的载体，是促进实现员工与企业共同发展的重要平台。人才发展中心的核心功能是为企业开发人才，服务企业人才发展战略。员工的学习需求为企业人才发展中心的产生和发展提供了动力，企业人才发展中心要有效满足员工的学习需求，提升员工的职业能力，加速员工的成长，在成就员工的同时助推企业健康发展。

四、人才发展中心是满足企业组织学习发展要求的高级形态

企业发展、员工成长对人才发展中心的产生和发展提出了要求，寄予了期望，学习型组织建设的理念为人才发展中心的产生与发展提供了有利条件和理论支撑，但最关键的还是人才发展中心具不具备能力去回应和满足企业与员工的需求。

从企业培训组织的发展历程来看，成立人才发展中心是企业培训发展的趋势，是迄今为止企业培训最高级的组织形态。珍妮·C.梅斯特认为，企业人才

㊀ 【美】彼得·圣吉著，郭进隆译，《第五项修炼——学习型组织的艺术与实务》，上海三联书店1998年版，第359页。

发展中心的空前发展表明，企业迫切需要重组劳动力，需要进入教育领域，以确保自己未来的生存和发展。企业谋划建立企业人才发展中心的目的在于将员工的学习项目与企业实际经营目标和战略更加紧密地结合起来，从而实现对员工学习内容的自主选择和控制。[①] 从员工培训和学习的角度看，企业人才发展中心能很好地满足这一需求。

人才发展中心的功能职责是依据企业的实际需要设定的，在员工赋能、人才开发之外，当企业赋予人才发展中心其他新的职责时，人才发展中心就需要具备履行这些职责的能力，并形成相应的工作机制，能够掌握和整合所需要的资源，担负战略性部门的职责，发挥专业作用，创造不可替代的价值。

自第一批企业人才发展中心诞生之后，其建设实践充分表明，人才发展中心作为企业的战略性部门，通过履行部门职责和发挥组织功能，在人才发展、知识管理、组织能力与绩效改善、战略宣导、变革推动、文化落地等领域拥有独特的价值。同时，人才发展中心坚持以服务企业发展为宗旨，在助推企业战略实现的同时也为自身赢得了进一步发展的资源和空间。人才发展中心之所以能广泛兴起，根本原因在于它作为一个机构能在企业的经营发展中发挥独特的作用。

企业实际的需要、员工成长的诉求、社会发展的趋势以及人才发展中心本身所具有的能力和取得的实际成效形成合力，构成了推动企业人才发展中心快速发展和兴起的力量。在看到人才发展中心迅速兴起的同时，我们不能忽视企业家们的洞见和热情。正是认识到人力资源的极度重要性，认识到企业越来越成为一个教育体，认识到企业的竞争最终是人的竞争和能力的竞争，认识到投资员工培训将会带来十倍、百倍的回报，认识到企业人才发展中心具有远超传统培训中心的价值和作用，企业家们才会欣然、毅然地创办自己的人才发展中心。

[①] 【美】珍妮·C. 梅斯特著，徐健、朱敬译，《企业大学：为企业培养世界一流员工》，人民邮电出版社 2005 年版，第 1 页。

国内企业人才发展中心主要有两类建设主体，一类是跨国企业在中国设立的人才发展中心分校，另一类是本土企业。跨国企业在中国设立的分校由于有母公司总部的强力支持，有总部现成的体系与成熟的机制作为基础，其建立和运营相对来说要顺畅很多。这些跨国企业的人才发展中心对本土企业人才发展中心的建设提供了可以学习借鉴的经验与资源，促进了本土企业人才发展中心的深化建设与发展。

中国企业历来有着很强的对标意识和学习能力，它们对新生事物始终抱有热情。当发现世界优秀的企业都在建设自己的人才发展中心，并且这些企业人才发展中心确实有力促进了企业的成长时，具有发展眼光的中国企业家们便毫不犹豫、不惜重金着手创建自己的企业人才发展中心，并且十分乐于分享和交流创建运营的实践经验，由此在国内迅速形成了一种百家争鸣的企业人才发展中心建设图景。

但是，我们也应当看到，在企业人才发展中心的兴起与繁荣之中，也存在一些"浮躁"气象。一些企业在还没有真正搞清楚人才发展中心究竟是什么、为什么要建人才发展中心的情况下，匆忙挂起了人才发展中心的招牌，甚至这些企业连员工培训的机制都还没有建立起来。显然，如此行为是草率的，也不可能发挥人才发展中心应有的功效。企业人才发展中心的创建属于企业自主行为，而且作为企业内设部门，没有公认的或可约束的标准或门槛，成立与否全在企业一念之间，因此也会有"今天挂牌明天撤销"这样的极端个例。在兴起的众多人才发展中心中，有的企业是因为对"大学"或"商学院"等名头（这主要是在教育部等八部门联合印发《意见》之前）具有迷信和膜拜的心理，⊖

⊖ 当然不乏企业能够理性地看待企业人才发展中心，破除"大学"光环效应。一些互联网企业在人才发展中心命名上坚持其一贯的个性化路线，低调务实又别具一格，比如快手将其企业人才发展中心称为"快手中学"。

看见同行创办了便为了"面子"而攀比跟风；有的企业只是将原有的培训部门（甚至是负责员工培训的工作小组）直接更名为企业人才发展中心……当然，我们也可以积极地看待这种行为——有相当数量的企业展现出创建人才发展中心的热情，在客观上使企业人才发展中心的理念得到更深入的推广。同时，那些匆忙建立企业人才发展中心的草率行为终究会被实践检验，这无疑又会教育大家应该如何认真、扎实地创建一所名副其实的人才发展中心。无论如何，只要我们真正理解了人才发展中心的价值，所有的实践都将有助于中国企业人才发展中心行稳致远。

分析企业人才发展中心为什么兴起，不应只是停留在找出其兴起的原因上。在观察和研究企业人才发展中心的建设时，我们还可以深入思考，是什么样的企业在建设人才发展中心？优秀的企业与优秀的人才发展中心之间有必然的联系吗？它们之间的联系如何？当前企业人才发展中心的建设是一时喧嚣还是厚积薄发？企业人才发展中心的建设的内在动力机制如何？等等。总之，我们要从对这些问题的思考和回答中发现影响企业人才发展中心发展的因素，进而不断总结规律，找出促进人才发展中心可持续发展的策略。

第三节　企业人才发展中心不是传统的培训中心

企业人才发展中心与企业培训中心有何区别，是建设和研究企业人才发展中心的基础性问题。很长一段时期内，关于两者的区别众说纷纭，十分火热。为什么要建企业人才发展中心？培训中心不能胜任了吗？回答这些问题，其实就是在回答"企业人才发展中心与企业培训中心的区别"。

我们把"企业人才发展中心与企业培训中心有什么区别"这个问题提出来的时候，其实已经默认了一个前提——我们对企业培训中心是了解的、熟悉的，知道培训中心具体指的是什么——在这一前提下，求问两者之间的区别，其实质等同于换了一个角度继续对"企业人才发展中心到底是什么"这个问题寻找答案。

企业人才发展中心与传统的培训中心作为企业培训的两种发展形态，它们之间虽有着千丝万缕的关联，但更有着本质上的不同。为了更全面、清楚地认识企业人才发展中心，避免其与传统培训中心产生混淆和模糊，也为了企业人才发展中心能够真正发挥好作用，经过业内较长时间的实践探索和总结，对两者间区别已经取得了许多共识。

我们发现，在现实中，模糊了两者之间的区别在极大程度上是因为人们对这两个概念的相互串用。一方面，许多企业虽然挂了"企业人才发展中心"的牌子，但它并不是真正意义上的"企业人才发展中心"，只是对原有的培训中心简单翻牌、换个名称而已（有的甚至连培训中心的能级都不具备，就在没有专职人员、没有完备的工作机制的情况下高调而自信地宣称建立了企业人才发展中心）。另一方面，也有不少企业依然沿用培训中心的名称，但该培训中心已经在发挥着企业人才发展中心的作用，在业内拥有可观的美誉度和影响力。因此，我们不能仅凭机构的名称来判断它是企业人才发展中心还是培训中心。

在比较两个事物之间的区别时，首先应该对这两个事物的基本概念做出界定，这里所说的"企业人才发展中心"是企业设立和管理的以开发企业人才为主要任务、以服务企业战略为根本使命的战略性机构；而"培训中心"是指传统意义上的企业培训中心，它是企业为开展内部员工培训而设立的，通常以通用技能和管理培训为业务内容，以培训活动的组织实施为主要职能的培训机构。

一、本质上的区别：现代与传统

如果用一句话来概括企业人才发展中心与培训中心的区别，最好的答案可能是"现代与传统"，这是企业人才发展中心与培训中心的本质区别。这种本质上的区别源自于两者的理论基础，企业人才发展中心是对现代学习理论与企业管理逻辑的创新实践，而培训中心则践行和坚持传统的企业培训理论。两者本质上的区别最终又体现在各自的组织形态、创办理念、角色功能以及运作机制等方面。

企业人才发展中心是企业培训发展的必然趋势，是目前企业培训的最高级形态。在企业培训组织形态的发展进程中，人才发展中心是在培训中心经历了较长时间发展之后出现的，相较于培训中心而言，企业人才发展中心是新兴的事物。考察发现，早期建立人才发展中心的企业，往往具有培训中心的建设历史——由此可见，人才发展中心是建立在已经拥有比较丰富的员工培训事务经验的基础上的。从培训中心到人才发展中心，如同企业的人事部（人事行政管理）到人力资源部（战略人力资源管理）一样，是适应时代变化与企业发展而发生的进化和升级。人才发展中心是企业现代化发展的产物，是对现代企业管理理念的实践，具有鲜明的"现代"特征和"现代性"，是比培训中心更高级、更现代、更能适应企业发展、更加满足企业战略要求的企业培训组织。

有两点需要特别说明。其一，由于培训中心职能比较单一，通常只是负责员工培训事务的组织与实施，因而人才发展中心与之的比较只是在"企业培训"这一具体职能上，人才发展中心为企业培训员工、开发人才的同时，还要根据企业战略需要承担其他使命和职能，因此，人才发展中心其他职能的现代性就不具有与培训中心进行比较的基础。其二，对于具体某家企业而言，是设置培训中心，还是创办人才发展中心，这是需要立足企业实际和发展需要的，不是所有的企业都应该立即创建更高级的、"现代"的人才发展中心。换言之，我们不能简单地断定"传统"的培训中心就是落后的代名词,"现代"的企业人才发展中心就一定优于"传统"的培训中心。培训中心依然有继续存在的基础和意义,其模式对多数企业来说依然具有价值⊖,依然是这些企业理性而务实的选择,只是企业在不得不选择建立培训中心时,不要忘记企业人才发展中心是发展的必然方向。

二、地位上的区别:战略性与事务型

企业人才发展中心与培训中心的核心区别在于前者是战略性机构,而后者是事务型部门,两者在企业内的角色、地位与价值完全不同。

战略性是人才发展中心最显著、最重要的特征。人才发展中心与企业战略紧密关联,根据企业所确定的机制与流程直接参与和服务企业战略酝酿、战略制定、战略解码、战略宣导、战略落地实施、战略实践总结等相关环节,在企业战略从无到有、从概念到项目、从目标到成果的全部过程发挥作用、创造价值。人才发展中心参与和服务的不只是企业人才发展战略,理论上是涵括企业所有的业务发展战略。人才发展中心与培训中心在服务企业战略上的区别在于,人才发展中心参与和服务企业战略时更为直接、更加深入、更显价值。因此,我们会发现,人才发展中心在融入企业业务上要比培训中心更积极、更主动、更具专业性和建设性。

一般来说,人才发展中心的战略地位是远高于传统的培训中心的,这直接体现在企业对两者的重视程度上。越来越多的企业,由企业最高管理层担任人才发展中心的校长,企业各级管理者特别是高层管理者高频度深入参与人才发展中心

⊖ 当前的企业培训组织,并不是除了人才发展中心之外全都是培训中心,培训中心是有一定条件的企业设立的专门机构。还有许多企业因为发展阶段、员工规模、经营模式等原因未成立培训中心,只是在人力资源部门之内设置一个培训处、培训科室。相比较这些企业的培训组织而言,培训中心在工作机制、资源运用等方面又显示出了一定的优越性。

的业务活动，人才发展中心也拥有更多机会直接参与企业战略运作等相关活动。而且，人才发展中心相对来说更具独立性，具有明确的使命、愿景，并为发挥作用而制定了工作机制，建立了组织架构。这些在传统的培训中心却并不多见。

三、理念上的区别：共享服务与行政管理

人才发展中心秉持共享、共创、开放、服务的理念。第一，人才发展中心的角色是员工发展顾问，是企业内部学习产品和方案的专业化的供应商，它能将所有的学习产品和项目纳入组织经营的战略目标中，有完备的体系、清晰的目标、愿景以及长期的战略计划，为企业中每一个员工（岗位）提供持续的、战略性的学习解决方案，服务员工成长。第二，人才发展中心是企业创建学习型组织的重要承载部门。人才发展中心积极构建共享平台，组织开展学习活动，统筹整合企业内外部学习资源，促进资源的供需方对接，提高资源使用效率，服务员工学习和业务发展，同时，动员全体员工参与企业知识（特别是培训课程、案例资源）的建设和分享，促进组织经验分享和传承。第三，人才发展中心是学习产品的提供者，是满足员工与组织学习需求的服务者，学习需求的主体（客户和用户）是组织及其员工，因此人才发展中心认为"学习过程的所有者应该是现场的经营管理者"，人才发展中心的职责就是服务好这些"学习过程的所有者"。㊀ 第四，人才发展中心是企业内部"共建共享"的推动者，它们搭建平台、共享资源、对接供需、引进和推广新的学习技术，而且还制定相应的规则，发挥主导影响和作用，随着企业人才发展中心的建设进一步深化，它们已经不止于成为平台的搭建者，正在成为企业学习生态的营造者和企业经营生态的重要贡献者。

㊀ 【美】珍妮·C.梅斯特著，徐健、朱敬译，《企业大学：为企业培养世界一流员工》，人民邮电出版社 2005 年版，第 22 页。

相比之下，传统的培训中心的行政属性更为明显，它们承接培训活动，组织开展培训事务，看重的是职能管理的职责。与企业人才发展中心的开放办学、主动服务相比（这里的"开放"办学，不是指承接企业外部的业务，而是指办学理念上的"开放"），传统的培训中心是相对封闭的、保守的，是"订单的接受者"，对于需求的反应通常表现为被动的、程式化的。由于服务理念的不足，传统培训中心所提供的培训服务通常是反应性的、分散的、战术性的、通用性的，也是比较初阶的，它们不能主动贴近客户，难以洞察客户的真实需求，也由于专业能力的限制，无法为客户提供有深度和个性化的培训产品。

由于传统的培训中心在企业内不具有人才发展中心那样的战略地位，它所掌握和能运用的资源比较有限，这样的状态既是因为企业对其没有高要求和没有赋予相应的权力，也是培训中心长期以来战略导向、资源整合和业务服务意识的淡化所造成的。

四、功能上的区别：立体化与单一化

如前所述，人才发展中心的任务与职能已远不只是培训员工，它还根据企业战略与发展的需要，承担着变革推动、维系业务伙伴、文化传播、企业品牌推广、企业知识运营、社会责任履行等功能。在组织的功能上，人才发展中心是综合性、多元化和立体化的；而培训中心的职责与任务则是单一的，通常囿于员工培训这一事务中。

人才发展中心与培训中心都有培训功能，培训中心的培训功能较为单一，而人才发展中心的培训功能是"立体"的。这一区别等同于"培训"与"学习"的区别。其一，培训中心的培训内容主要是通用技能和基础管理，而人才发展中心则是以公司战略为牵引，以具体问题为导向，解决业务痛点，提升员工能力，改善组织绩效，学习内容十分丰富，所采取的学习形式也更能保障学习效果。其二，人才发展中心的培训是体系化的，能够贯穿员工职业发展，是覆盖全体员工的，而培训中心的培训难成体系，呈现碎片化，不能全面满足员工的学习需求。其三，传统的培训中心大多是单向的知识传输，而人才发展中心强调共创式、情境化学习，学习者既获得知识又能贡献个体经验，既能解决业务问题又可以丰富企业知识资产，从而提升企业整体竞争力。甚至当个体学员参加培训时，他所在的整个工作团队就转为学习者团体，而且帮助该学习者团体的原材料不再是哈佛商学院的案例，而是该团队在日常工作中面临的经营问题。其四，人才发展中心追求的不是完成培训任务，而是要通过学习培养员工的学习能力，并使之在后续的工作中继续实践这一过程。从培训向持续学习的转变，不仅是员工应该接受的理念，更应该是企业人才发展中心的自主意识。正如珍妮·C.梅斯特所言，人才发展中心有助于将培训和企业教育活动的焦点从一次性培训活动（这种活动用以培养个人的技能）转向建立持续学习的文化（员工相互学习，分享创新和最佳实践，并着眼于解决实际的经营问题）。培训的焦点由此超越了个体员工，转而为组织培养学习能力。㊀

　　此外，企业人才发展中心的培训业务会根据企业需要向供应链覆盖，而对培训中心来说这是未曾想象过的事情。为什么越来越多本来已有培训中心的企业要创办人才发展中心呢？一个十分重要的原因就是企业希望强化培训工作的地位，提升培训工作的能级，拓展培训工作的深度和广度，实现培训向学习升级，向业务贴近。

五、能力上的区别：解决问题与传授知识

　　企业人才发展中心被确立为战略性部门，被赋予的功能在数量和重要程度

㊀ 【美】珍妮·C.梅斯特著，徐健、朱敬译，《企业大学：为企业培养世界一流员工》，人民邮电出版社 2005 年版，第 20 页。

上都远超于培训中心。人才发展中心贯彻开放共享的理念以及履行职责、发挥作用所需要的能力要求，与培训中心必然有非常大的差别。从整体上看，企业人才发展中心作为主动对接服务需求的部门要有强大的解决问题的能力，这些能力体现在其具体业务的开展中；而传统培训中心因为功能职责比较单一，其组织能力集中表现在知识的讲授和输送上。如果我们把这些能力稍作比较，可以发现以下几点不同（见表 1-1）。

表 1-1 培训中心与人才发展中心的能力表现的区别

对比维度	培训中心的能力表现	人才发展中心的能力表现
战略服务能力	·战略参与度低，战略服务意识和能力不强	√ 具备参与战略制定、战略分解、战略研究及实践总结的能力 √ 具备承接部分具体战略任务实施的能力（如人力资源发展战略） √ 推动企业学习型组织建设的能力
业务服务能力	·业务支持力弱，主动服务意识及专业能力不强	√ 能主动调研业务需求，融入业务流程，为业务部门提供方法论、学习资源、设计实施学习项目等，帮助解决部门解决问题
学习设计能力	·学习主题按照已有的课程或教材确定 ·内容主要为"基础"技能 ·学习方案制式化	√ 学习主题根据客户需求确定 √ 以问题为导向，能够结合客户和用户实际设计具有针对性、个性化的学习项目 √ 将教育嵌入持续不断的工作行为中
教学能力	·讲授式，"专家—新手"型（知识汲取） ·解释和传递已有知识 ·机械式教学，不能调动学习者的创造力 ·新的教学方法应用不及时	√ 构建式（知识构建），基于工作实践场景，强调学习者沉浸式、交互式学习 √ 促进对已有知识的理解、创建全新的知识 √ 领悟式学习，有效实现共创式学习，激励学习者参与知识创造 √ 积极应用先进教学方法（如行动学习、引导技术、案例教学、沙盘演练、复盘等）

（续）

对比维度	培训中心的能力表现	人才发展中心的能力表现
资源整合能力	• 基本不具备整合部门外资源的能力	√ 具备整合企业内部专家（包括管理者）、培训经费、企业知识、组织资源以及外部供应商的能力 √ 具备构建学习共享平台和企业学习生态圈的能力
新技术应用能力	• 学习使用新技术 • 为节约成本、提升工作效率，注重技术方法	√ 使用新技术学习，并为促进企业学习效果，推广应用新的高效学习技术 √ 为提高学习质量，关注技术应用所创造的新内容和新价值
培训效果评估能力	• 应试式评估 • 学习效果评估应用能力弱	√ 运用柯氏四级/五级评估法 √ 评估知识的流通，鉴别反射式践行者 √ 能够制订和促进实施训后推进计划
知识管理的能力	• 内部知识加工能力弱，仅开展比较简单的通用知识转化 • 依赖于引进和采购外部学习资源	√ 具备岗位经验和组织智慧的萃取能力 √ 具备新知识（课程、案例等）的开发创造能力 √ 具备课程体系的建设能力 √ 具备企业知识的管理、分享、服务能力
体系机制构建能力	• 不能自主建立企业员工学习发展体系和课程体系 • 没有建立企业培训工作体系	√ 能够参与构建企业胜任能力模型、员工职业发展通道、岗位任职资格体系等 √ 能够建立企业员工学习发展体系 √ 能够建立企业培训体系和培训工作机制

由于比较的角度和层次等方面的不同，考察企业人才发展中心与培训中心的区别所得出的观点错综繁复，难以穷尽。比如，在本质、地位、理念、功能和能力之外，还可以从服务对象、是否独立于人力资源部门等角度去发现两者之间的区别。无论如何，比较两者的区别都是为了更加清晰准确地认识企业人才发展中心，进而更加有效地将它建设好。

| 第二章 |

成功的关键
企业人才发展中心的定位

第一节　人才发展中心是企业的战略性部门

"战略的"或"战略性的",在现代企业管理范畴中是一个表示重要程度的术语,其意是指"为实现某个目标而做出长期的、有组织的和有计划的努力",[一]它所强调的是在实现组织经营目标过程中某个因素的根本性、重要性和关键性。

一、战略性部门的基本特征

在企业内,战略性部门一般具有三个基本特征。

一是有战略地位。战略性部门在企业内有着十分重要的地位,担负重要职能,掌握更充足的资源,也被授予了更多的权力。战略性部门在企业内的重要地位最直接的体现是它与企业决策层之间的距离十分贴近,日常联系紧密,互

[一] 【美】杰里·W.吉雷,安·梅楚尼奇著,康青译,《组织学习、绩效与变革——战略人力资源开发导论》,中国人民大学出版社2005年版,第4页。

动频度高。企业高层高度关注、直接指导并深入参与战略性部门的工作，同时，战略性部门能够参加企业决策层有关战略研讨等高级别活动，有机会参与企业战略的制定和执行。战略性部门是企业战略的制定者或执行者，其他部门则是企业战略的"反应者"。由于地位上的差距，与战略性部门相比，非战略性部门在对企业战略掌握的及时程度、理解的准确程度和执行的质量上都有较大差距。

二是有作用机制。战略性部门具有重要地位，是因为其肩负重要职责。建立相应的工作机制是战略性部门履行职责的需要，同时又能保障其战略作用的发挥。战略性部门所承担的工作对企业的发展具有关键、重要作用，关乎企业的兴衰成败。因此，为确保这些工作能够顺利、高质量开展并取得应有的成效，企业应制定相应的工作机制。工作机制意味着不仅要对流程做出规定，更要对"责权利"明确划分。在企业内建立高级别的工作机制（流程与制度）是战略性部门开展工作最有效的保障。由此，战略性部门可以驱动充足的资源，有效推进和落实各项具体工作。

三是有价值创造。战略是在公司经营活动中创造适应性。[一]之所以能够成为战略性部门，一方面是因为它所承担的职能对于企业而言具有十分重要的意义；另一方面，战略性部门能够创造战略价值，使企业不会因为这一战略价值的缺失而付出发展停滞的代价。战略性部门需要具备创造战略价值的能力，要有战略思考能力和战略执行能力，从企业发展战略的角度思考本部门的功能和职责，一切聚焦战略、一切服务战略，千方百计谋划推动工作。对于战略性部门来说，只有能够创造出应有的乃至超预期的战略价值，才能保证其战略性地位，因此也可以说，战略性部门的"殊荣"既是企业"给的"，也是自己

[一] 【美】迈克尔·波特，加里·哈默等著，徐振东、张志武译，《未来的战略》，四川人民出版社 2000 年版，第 24 页。

"挣来的"。

二、人才发展中心为什么能够成为战略性部门

准确理解并清晰定义一个部门在企业中的定位,是其产生应有价值的重要前提。

(一)人才发展中心直接承担企业人才开发战略

人力资源,是现代企业对员工的定义。将员工视为"人力资源",这表明对企业而言,员工和资本资源、物质资源一样,都是决定企业生存和发展的重要资源,不可或缺。特别是在知识经济时代,组织的发展最终依赖于人(人才)的发展,企业的竞争归根结底是人(人才)的竞争。人力资源是第一资源,是具有决定性的关键要素,在所有组织中,其重要性日益凸显。人力资源管理在组织发展中早已超越了操作性角色和管理性角色,正在以战略性角色在企业经营发展中发挥战略性作用。人力资源管理开始进入企业经营的战略层面,企业决策者也已要求从企业战略的高度和角度思考人力资源管理的全部议题。战略人力资源管理成为主流的企业管理模式。人力资源管理部门在企业中的作用随之更加重要,地位更加凸显,在企业管理体系中已经普遍成为一个事关全局的、具有战略作用的关键部门。

人力资源开发(有时也表述为"员工发展""人才开发"或"人才发展"等)是战略人力资源管理的核心议题,甚至在更多的场合,战略人力资源管理等同于人力资源开发。无论企业人才发展中心被赋予了多少其他功能,它最核心的职责和最主要的任务都不应该偏离"企业人才开发"这一主题。人力资源管理部门与人才发展中心在人才开发这一企业战略中无论如何分工和协作,人才发展中心都已无可争辩地以主力的姿态直接承担起了企业的重要战略职责。

人才发展中心的战略地位由此得以确立，员工发展成为人才发展中心创造战略价值的场域。

关于战略人力资源开发的经典理论在企业人才发展中心的功能价值上可以得到充分印证。㊀

比如，人才发展中心作为赋能专家和学习发展顾问，在服务员工发展上能够发挥专业主导作用。人才发展中心能为员工提供岗位所需的技能和知识，培养员工有效应对危机的能力，帮助员工获得升迁和实现其他职业发展目标，还可以提供适应企业变革以及企业未来发展所需的技能和知识。除此之外，人才发展中心在维护员工身心健康上同样可以积极作为，帮助员工缓解压力、健康工作、持续学习，保障员工在不断变化的环境中有效工作，甚至提供员工个人希望获得的技能与知识培训。总之，人才发展中心在员工学习、能力与绩效改善方面可以提供全方位的服务响应，以帮助员工及组织增强在不确定的未来获得更好绩效的实力。

再比如，人才发展中心积极参与企业领导力开发，能够在组织中协同开发领导层，向他们提供有效制定战略和目标以及引领组织及其成员所需的技能和知识。人才发展中心的活动能创造一种氛围，推动员工为企业的成功不懈努力，使他们更好地为企业服务。作为人才发展专家，人才发展中心能够与员工建立有效的关系，参与其未来的规划。人才发展中心是企业战略的重要执行者和主动参与者，是能够"为企业的成功做出贡献的、热情的变革倡导者及新思想的传播者"，能预测并理解实施企业战略与变革的必要性，引导员工理解和拥护变革进程；能够及时组织提升员工能力的学习活动，帮助员工获得适应变革的能力，增强员工参与组织变革的体验；能够与引领变革的企业管理层并肩

㊀ 【美】杰里·W. 吉雷、安·梅楚尼奇著，康青译，《组织学习、绩效与变革——战略人力资源开发导论》，中国人民大学出版社2005年版，第12-14页。

作战，协助实施变革。人才发展中心立志于推动实现员工与企业共同发展，不仅为员工发展做出贡献，而且以企业发展为己任，始终与企业经营战略保持一致，熟悉企业的战略和经营状况，建立问题导向的工作机制，推进组织学习，支持组织绩效改善和组织转型变革。

（二）人才发展中心在企业战略生命周期中发挥了不可替代的重要作用

除服务企业人才发展战略之外，人才发展中心在企业其他的战略活动中也能够发挥不可替代的重要作用。

一是参与企业战略的制定。企业战略在制定前会有酝酿和研讨，需要做广泛深入的调研、分析和论证。人才发展中心是企业内部的学习空间，相对具有更为平等、更加开放的宽松氛围。人才发展中心在为企业制定战略，特别是制定那些影响深远的重大战略决策过程中出现高情绪场景时，能提供理想的研讨环境。同时，人才发展中心有能力也有条件成为企业的智库，响应企业决策层的要求，参与企业战略制定过程中的有关调研、分析、论证等活动，为企业战略制定做出贡献。

二是组织企业战略的宣导。战略的生命在于执行。恰如吉姆·柯林斯在《从优秀到卓越》一书中所言，战略的执行力是区分一家公司是优秀还是平庸的标志。战略执行的前提是战略执行者及其他相关者对战略有全面准确的理解与深度的认同拥护。人才发展中心通过开展学习培训及普及宣传等活动，不仅能为战略执行者赋能，还能为受战略影响的其他群体宣讲战略的意义和目标，促使更多的人了解战略、理解战略、支持实施战略、拥护执行战略，从而为战略的有效落地提供必要的心理基础和舆论环境，确保战略得到顺利推行。

三是为企业战略解码。企业战略从制定发布到落地执行，中间需要有"解码"（Decode）的过程。人才发展中心应掌握先进的战略解码技术，可以通过举办战略解码会议等专题学习辅导活动，帮助战略执行部门及个人分析战略重点、划分职责任务、明确考核指标、拟定行动计划，做到"千斤重担人人挑，人人肩上有指标"，为战略执行和目标达成统一思想、振奋士气，消除战略实施中的管理障碍，保证企业战略能落地、起实效。

四是跟进企业战略执行以及承担具体战略任务。人才发展中心为了及时发现和总结战略实践案例以用于学习项目，会对战略实施过程进行跟进，同时还会根据企业的安排，以企业内部独立的专业身份，对企业战略执行情况进行检查督查，这些都增添了人才发展中心的战略性属性。此外，由于人才发展中心所承担的工作任务越来越重要，其中不少是极为重要的战略性工作，这也必然促使人才发展中心自主地去建立和增强战略性部门的地位、能力与资源。

五是对企业战略实践进行复盘总结。人才发展中心是知识管理部门，更是企业知识资产开发、创造、分享、应用的平台。对企业战略实践及其成效进行复盘、做出总结、沉淀经验，是企业知识资产化的重要方式，也是人才发展中心的职责所在。人才发展中心应具有经验总结、课题研究和观点创新的能力，或者能够组织企业内部的专家开展相关理论分析和实践研究，完成好企业战略执行的反馈与总结。

（三）人才发展中心能够具体承担多种企业战略任务

人才发展中心具备良好的专业能力，拥有优质的资源条件，能够把握组织发展中的机会，在承担企业人才开发战略的同时，根据企业的实际要求，承担更多的战略任务。

第一，从服务对象来看。为员工和组织赋能是人才发展中心的基本任务，据此，企业人才发展中心直接和具体的服务对象是企业员工和企业内各级组织。人是企业内最具有能动性、最关键的战略资源要素，各级组织是企业战略任务的承载主体。人才发展中心为落实企业人才发展战略，将按照企业的要求向员工和各级组织提供学习产品，同时主动调研和掌握员工与各级组织（包括各业务、职能部门）基于其具体发展实际的学习需求，为他们设计实施学习项目。人才发展中心通过提供学习项目深入到员工发展、组织发展和业务发展的事务中，从而有机会获得直接或间接参与更多企业战略事项的机会。因此，人才发展中心在发挥人才开发、组织赋能这一战略性功能的同时，通过主动作为，还将获得承担更多企业战略任务的机会。

第二，从专业能力来看。人才发展中心的核心专业能力是学习的设计与组织、赋能、知识资产管理、资源整合。人才发展中心不再是为培训而培训，而是通过建立培训体系，掌握组织分析、绩效改进和学习设计技术，切实为企业战略实施和各级组织的绩效改善提供有力支撑。人才发展中心可以根据企业的需求，将学习的能力在企业供应链上扩展应用，向供应链各方提供培训产品和咨询服务。人才发展中心在企业的学习文化和知识资产创造方面具备的专业能力使之成为建设学习型组织这一企业战略选择的主体执行力量。人才发展中心要具有平台构建能力，通过积极整合和共享各类资源，主动满足企业战略需求。

第三，从资源优势来看。人才发展中心之所以具有战略价值，一个重要原因就在于它拥有企业的核心知识，是企业知识管理和知识资产化的重要建设者和推动者。人才发展中心是企业知识资产化的重要平台，它的绝大部分活动都是围绕知识展开的。在这一平台上，集中了企业内的显性知识资源和专家力量，这无疑是人才发展中心服务企业战略实施的重要支撑。人才发展中心还具有对外交流的优势条件，对于企业打造品牌形象、履行社会责任、联结业务生态都能够发挥独特的作用。

三、人才发展中心要建立战略自信

在不少情况下，人才发展中心是在培训中心或培训部门甚至是人力资源部门下属的培训模块的基础上组建成立的。这些部门在相当长的时间内并没有得到足够的重视，其地位和作用经常被认为是次要的或不重要的。在许多人的表述中，它们是边缘化的部门，甚至是杂务部门。这种状况，即使在人力资源被视作战略资源后也没有太大的改善。不可否认，这些部门长期处于消极与被动的局面下，其组织能力确实不足，在此基础上建立起来的企业人才发展中心也存在先天能力不足的实际问题。能力的不足导致底气不足、信心缺失。我们经常发现，在从那些未受重视部门的基础上成立后，很多人才发展中心的从业者都没有十足的底气宣称自己的部门具有战略性价值或者可以成为一个战略性部门。评价一个企业人才发展中心是否优秀，首先应该检查的是它在企业内的战略性地位有没有确立；如果没有确立，那么就应该帮助企业决策者认识到人才发展中心的战略作用并且明确人才发展中心的战略地位——人才发展中心要有这样的自信去帮助企业决策者建立认知。

如前所述，人才发展中心是战略性部门，这一点已经毋庸置疑。首先，从企业人才发展战略来看，人才发展中心以其独特功能当之无愧成为战略性部门。其次，在企业战略生命周期中，人才发展中心能对企业发展战略的制定产生重要作用。再次，人才发展中心可以发挥战略性作用的领域是极具拓展性的，在学习型组织建设、企业生态圈构建、知识资产化等重要领域都能体现人才发展中心独有的价值。人才发展中心要建立战略自信，要理直气壮、信心满满地宣称自己就是企业重要的战略性部门。实践也已证明，人才发展中心能深度参与和有效承担企业战略，在企业发展进程中发挥重要战略作用。同时，优秀的企业都很注重人才发展工作，都建立了不同形式或不同名称的企业人才发展中心，而且都将人才发展中心摆在十分重要的地位，赋予其战略职能。

重要的地位源自重要价值的创造。人才发展中心要通过不断创造无可替代的重要价值捍卫自己的战略性地位，要不断强化战略意识，始终从企业战略的高度和角度谋划、推进工作；要建立工作机制，确保战略作用得到有效发挥；要具备专业技术、敏锐的业务意识以及必要的咨询和沟通能力，增强自身专业能力和经营能力，有效开发企业人才，服务业务发展；要积极适应企业变革，主动满足企业发展实际要求，在企业创新业务、转型变革、知识资产化、业务生态建设等方面拓展人才发展中心的战略价值创造点。

有研究者认为，通过比较能否帮助组织和老板持续做出高质量决策，一个部门的战略性作用可以分为"写手"（把老板的想法落到纸面上）、"帮手"（证明老板的想法是对的）、"研究员"（以靠谱的研究，为老板提供专业支持）、"参谋"（与老板和高管共同形成高质量战略决策）和"护持人"（把战略融入日常，让组织长期成功）五个层级。㊀按照这一思路，企业人才发展中心作为企业的战略性部门，要努力成为企业决策层的战略"研究员""参谋"乃至"护持人"。

第二节　人才发展中心在企业组织结构中的位置

"战略定位决定了组织结构""战略发展和结构设计之间相互支持并共同支撑组织"。㊁不同的战略定位和战略决策模式要求不同的组织结构。人才发展中心是企业发展战略的一部分，它的出现将会给原有的工作机制带来变化，原有

㊀ 王亚军，《战略管理五层楼，你在哪一层？》，领教工坊微信公众号（ID：ClecChina）。
㊁ 【加】亨利·明茨伯格，布鲁斯·阿尔斯特兰德，约瑟夫·兰佩尔著，魏江译，《战略历程》，机械工业出版社 2012 年版，第 66、228 页。

的组织结构也需要做出相应的调整。如何设计人才发展中心在企业组织结构内的位置，与人才发展中心的运作流程密切相关，将直接决定人才发展中心的作用能不能得到完整、高效的发挥。

人才发展中心在企业组织结构中的位置，具体表现为其与企业高层、人力资源部门、其他业务职能部门以及员工的关系（有的还包括与供应链上企业外部主体的关系），这些关系共同确定了人才发展中心在组织结构中的位置。从这些关系中，我们可以观察人才发展中心所应具备的功能和需要承担的职责，因此，对人才发展中心位置的认识就是对其角色作用的发现，是保证其功能和作用得以顺利发挥的前提。

一、人才发展中心与企业高层的关系

企业高层代表的是企业战略，观察人才发展中心与企业高层的关系可以分析人才发展中心是否具有战略重要性。观察人才发展中心与企业高层的关系主要有两种方式，一是谁在担任人才发展中心的领导职务；二是人才发展中心在日常工作中如何与企业高层互动。

（一）企业人才发展中心管理层的三种常见设置方式

最能直接体现一个部门或机构在企业内的地位的就是其负责人在企业内的位置，或者说其岗位的重要性。根据人才发展中心抵达企业最高层的汇报层级，人才发展中心在企业内的设置通常有以下三种情况。

一是企业主要负责人亲自担任人才发展中心最高负责人（方便起见，该职务后文以"校长"代指）。一般而言，企业主要负责人（即通常所说的企业老板或董事长、总经理、CEO等）担任校长在一定程度上是象征性的，毕竟企业经营发展千头万绪，企业主要负责人未必能够在人才发展中心的具体事务上投入足够的精力，因此在他们担任校长的同时，一般都会设置常务副校长或执行校长的职位，常务副校长或执行校长负责人才发展中心的日常工作并直接向企业主要负责人汇报。企业主要负责人担任校长，表明企业对于人才发展中心和人才开发等工作的高度重视和高度期待，这种情况下形成的直接高效的汇报链有助于增加人才发展中心在人才发展等实际工作中的话语权，更有利于人才发展中心的功能发挥、价值创造和自身建设。

二是分管人力资源的企业高层担任校长。在这种情况下，通常也会另设常务副校长或执行校长的职位，负责人才发展中心的日常工作，常务副校长或执行校长向校长，即分管人力资源的企业高层汇报工作。在这种情况下，人才发展中心与人力资源部门通常归属同一个企业高层分管，人才发展中心的核心功能主要为人才开发和赋能，这种安排显然有助于人才发展中心在人才开发工作上与人力资源部门紧密高效协同。

三是由资深管理人员担任校长。这种设置是在形式上将人才发展中心设置为企业的一级部门，但由资深管理人员专职担任校长并不能完全说明人才发展中心的位置问题，还需要观察校长向谁直接汇报工作。这里存在三种方式，一是直接向企业主要负责人汇报；二是直接向企业分管高层汇报；三是向人力资源部门领导汇报，人才发展中心隶属于人力资源部门（见图2-1）。

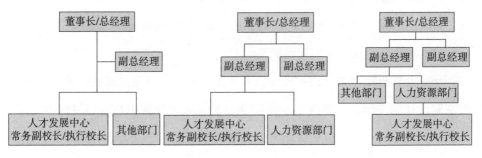

图2-1 人才发展中心向上汇报的三种方式

当前，有许多企业在建立人才发展中心时，是企业主要负责人亲自担任校长，并同时成立人才发展中心的理事会或校务委员会，企业有关分管高层、各业务机构（子公司、业务板块/条线、事业部）和职能部门的主要负责人以及人才发展中心的执行管理者为理事会或校务委员会的成员。以这种方式设置的领导机构在最高层面上为人才发展中心的运行创造了条件、提供了保障。

上述观察方式只能从形式上为我们初步判断人才发展中心是否具有足够重要的地位提供一个视角。实际上，无论谁担任校长，最关键的是企业高层，特别是企业主要负责人即"一把手"，要在思想认识上清楚人才发展中心的重要作用，把人才发展中心作为企业高层研讨和决策的重要议题，要在实际行动上时刻关心、经常参与人才发展中心的建设。

（二）人才发展中心与企业高层的互动

人才发展中心是战略性部门，需要与企业高层密切互动。首先，密切互动可以增强与企业高层的黏度，不断促进企业高层获得对人才发展中心价值的认知和感知，建立坚持办好人才发展中心的决心和信心。其次，企业高层对人才发展中心活动的参与和关注本身就是一种十分鲜明和十分重要的导向，必然引导企业上下对人才发展中心的重视和支持，为人才发展中心的建设创造有利条件，形成良好环境。第三，在与企业高层的互动中，人才发展中心能更加准确、及时地把握企业战略要求，从而保证人才发展中心的建设方向不会偏离。

如何增进与企业高层的互动呢？

一是要在机制上做好顶层设计。人才发展中心在创建之初就应该注重相关的制度设计和安排，从制度上对企业高层参与人才发展中心的建设做出规定。比如，由企业高管担任校长等职务，设立人才发展中心校委会、理事会、管委会等高层决策机制，以及规定相关会议召开的机制，确保人才发展中心的议题能在一定频次上进入企业高层的议程。对人才发展中心而言，为顺利、高质量开展工作，顶层设计和制度安排是最有效、最权威、性价比最高的举措，即使在创建人才发展中心时未能妥善做出相关的设计和安排，在其日后的运营和建设中，也应尽力争取获得这样的局面。

二是人才发展中心应积极主动承接企业高层部署的工作任务，并且保证工作任务高水准完成。同时，人才发展中心要密切关注企业高层所关心的事项，主动为企业高层提供有关企业改革发展重大事项的分析研究和决策咨询，充分展现人才发展中心的专业价值。

三是人才发展中心组织策划开展的工作应始终站在企业战略的高度，从企业战略出发，保证这些工作的重要性和战略意义，只有这样才能获得企业高层的认同和关注，也只有这样，人才发展中心才会有更多机会邀请企业高层参与到人才发展中心的工作中来。

二、人才发展中心与人力资源部门的关系

人才发展中心天然地与企业人力资源部门紧密关联。如何处理人才发展中心与人力资源管理部门的关系直接影响人才发展中心的实际价值功效，这是设计人才发展中心在企业组织结构中的位置时需要重点考虑的问题。

（一）人才发展中心是人力资源部门最紧密的合作伙伴

第一，人才发展中心与人力资源部门都属于企业战略人力资源管理范畴，服务于同一目标。正是人力资源成为企业的战略，为人才发展中心的诞生奠定了基础。人才发展中心和人力资源部门一样，是因为服务企业人力资源发展战略而存在的，它们在企业人力资源战略中发挥不同的专业作用，服务于企业人力资源开发这一共同战略目标。

第二，人才发展中心与人力资源部门业务深度融合。人力资源部门对企业人力资源队伍建设负责，人才发展中心专注于组织与员工的学习和赋能，学习与赋能是企业人力资源队伍能力建设的有效途径，人力资源部门与人才发展中心在企业人才开发的业务中相互协同、相互融合。人才发展中心与人力资源部门一样，承担着变革推动者、业务伙伴的角色作用，且都作用于人力资源领域。因此，两者的深度融合不仅是可行的，而且是必要的。

第三，人才发展中心与人力资源部门相互促进、相互成就。一方面，人才发展中心的成功需要人才开发的绩效和价值做证明，并且良好的人力资源工作机制又有助于人才发展中心的建设发展；另一方面，人力资源部门能否提升员工队伍和组织体系的能级离不开人才发展中心所提供的重要支撑。

（二）人才发展中心是人力资源部门的服务供应商

人才发展中心是专业化的服务部门，它通过提供专业化的产品与服务，不断满足企业在组织与员工的学习发展方面的需求。人力资源部门是企业人力资源队伍建设的主管部门，负责整体推进实施人力资源发展战略。在人力资源开发业务流程上，人力资源部门是提出需求的部门，在很多情境下可被看作"上游"部门，而人才发展中心则是为人力资源部门提供相关产品与服务的部门。也就是说，人才发展中心在人才开发业务上主要是作为服务供应商，通过人才开发产品和项目满足人力资源部门所提出的具体需求。这一流程上的方向性是不能颠倒的。

基于业务流程而做出的"上、下游"的划分，并不是说，只有"上游"重要，"下游"就意味着被动。人才发展中心与人力资源部门同等重要，缺少任何一个环节都无法实现企业人力资源发展战略，它们在各自负有主管职能的环节都承担独立的主导责任，同时又与对方共同参与、相互合作，从而不断提高企业人才发展质量。人才发展中心作为服务的提供者，就其服务的质量来说，需要接受需求者即人力资源部门的评价。在企业人才开发这一工作主题上，人才发展中心与人力资源部门之间存在服务与被服务、被评价与评价的关系。

（三）人才发展中心需要具有独立性，但不能脱离人力资源管理体系

有观点把人才发展中心和传统培训中心最大的区别归结为与人力资源部门的关系上，认为人才发展中心"要从人力资源部门的框架里跳出来"。确实，传统的培训中心和培训部，即使不完全隶属于人力资源部门，在业务上也普遍从属于人力资源部门，在企业组织结构上明显弱于人力资源部门。"从人力资源部门的框架里跳出来"反映的是人才发展中心成为战略性部门以后，努力寻求从边缘地位到中心地位，由参与浅层事务到涉及关键战略议题，在身份意识上由从属到独立的转变。人才发展中心成为企业战略性部门，扮演着执行组织战略、推进变革成功乃至改变企业文化的角色，它的重要程度、作用价值已经显然不同于传统的培训中心。当一个组织被赋予的角色发生正向的积极变化后，它自然就会产生摆脱原来处境的渴望，这不仅是组织成长的内在冲动，也是组织发挥新的功能的现实需要。人才发展中心表现出更强的独立性发展倾向不能简单地理解为"膨胀"冲动，当然，企业也要对其独立性的倾向有基本的约束。

人才发展中心的独立性应该予以保障。首先，人才发展中心不仅要满足人力资源部门提出的人才开发业务需求，而且承担了其他的职责任务，要满足其他部门的相关需求。其次，人才发展中心不同于传统培训中心，要发挥主动性，深度参与人才开发业务，在相应的学习发展领域要发挥专业主导作用。再次，人才发展中心有望成为企业的价值责任中心，需要赋予其相应的独立性、自主性。

同时，人才发展中心要主动、自觉地将自己纳入企业人力资源体系中。企业人力资源体系是由人力资源部门主管和主导建设的，人才发展中心是这个体系的建设者，是不可缺少的环节。人才发展中心要服务企业人才开发，就必须融入这个体系，自觉服从于该体系的机制。脱离了这个体系，人才发展中心在人才开发上的价值就会严重"缩水"，甚至一事无成。人才发展中心要坚持"服务立身"的理念，即使独立于人力资源部门，也要积极主动地对接和服务人力资源部门，根据人力资源部门的需求和企业人力资源政策，创造性地发挥专业价值，共同为企业人力资源发展战略服务。因此，有企业选择将人才发展中心和人力资源部门平行设置，认可人才发展中心的重要性，保证人才发展中心的独立性，同时，安排人才发展中心与人力资源部门管理者交叉任职，比如，人力资源部总经理兼任人才发展中心副校长，同时人才发展中心校长（或执行校长）兼任人力资源部副总经理。

三、人才发展中心与业务部门、员工的关系

在设计人才发展中心在企业组织结构中的位置时，不能只关心人才发展中心的校长是谁，它与人力资源部门是平级还是隶属关系。这两个问题诚然重要，前者与战略性相关，后者与人力资源开发具体工作相关，都是关键性的问题。但与此同时，人才发展中心与其他业务和职能部门的关系以及与员工的关系也需要予以关注，理清了这个关系，才能更加全面地理解人才发展中心的位置。

（一）人才发展中心与业务和职能部门的关系

在战略人力资源管理理念下，人力资源部门要成为业务发展伙伴，人才发展中心同样如此。人才发展中心通过主动服务业务和职能部门，帮助它们解决

痛点、提升能力，以密切和有效的支撑成为各部门的业务发展伙伴。

第一，服务各部门的组织发展和员工赋能。人才发展中心是赋能专家，掌握相关绩效改善工具和技术，具有组织绩效分析能力，可根据各部门的需求，为其提供组织发展诊断咨询服务，并开展相关学习发展项目，帮助各部门提升员工与部门能力，改善绩效。

第二，服务各部门的资源获取。人才发展中心是共享平台，通过相关工作机制，整合并集成企业内外资源，提供共享服务，促进资源效应释放，可以更好地满足各部门的资源需求。

第三，服务各部门的业务拓展。人才发展中心通过专业培训，可增加企业供应链各方的相互黏性，促进供应链上各主体在业务需求、技术标准、文化机制等方面的相通和融合，帮助各部门巩固和拓展业务。

人才发展中心通过这些方式，发挥专业所长，在服务中与各部门互动，同时接受各部门对服务交付质量的评价并不断实现改善和提升，从而构建在企业战略指引下的协同合作关系。

（二）人才发展中心与员工的关系

人才发展中心应该建设成为企业员工向往和争相而来的学习殿堂。每一位员工把人才发展中心视作通向成功的阶梯，为能参加人才发展中心的学习而受到激励、感到荣耀，这是人才发展中心获得成功的标志之一。

人才发展中心是员工学习发展的指引者。人才发展中心要根据企业人力资源发展战略，积极参与人才发展体系建设，在员工职业发展规划与胜任力模型等的基础上，主导建立员工学习发展体系，为员工学习发展提供清晰的指引和依据。

人才发展中心是员工学习发展的服务者。人才发展中心不仅提供路径指引，而且要为员工提供学习产品；不仅可通过提供学习发展产品和服务帮助员工获得知识技能，而且可以搭建各类学习平台，深化员工的学习参与度，改善员工的学习体验和获得感，吸引员工参与企业学习创造活动，促进员工的学习交流和组织的创新发展。人才发展中心不仅仅是学习项目的提供者，还能通过评价中心等方式为员工提供咨询服务，成为员工职业规划发展的顾问。

人才发展中心是员工学习发展的重要助力者。人才发展中心能为员工和组织赋能，是员工成长的重要加油站。人才发展中心服务企业全体员工，需要接受全体员工的评价。对于员工参与学习的反馈、成果以及学习后工作中的行为、绩效表现，人才发展中心需要加以关注并分析研判，这有助于人才发展中心改进自身的工作，更有助于员工将学习到的知识转化为实践能力。人才发展中心与员工会在这种互动中共同成长。

第三节　成本中心还是利润中心：人才发展中心的选择

企业人才发展中心究竟是成本中心还是利润中心？这是一个备受企业决策者和人才发展中心工作者关注的问题，人们似乎难以对此给出一个确切的答案。

一、"人才发展中心是成本中心还是利润中心"问题的实质是什么

成本中心和利润中心，是根据责任会计制度对责任中心所做的类型划分。责任会计制度从权责利统一的原则出发，在企业中建立若干个责任中心，其最终着眼点是考察人，即人对利润、收入、费用或投资该负多大责任，在一定程度上，它与个人和组织的绩效报告密切相关。按可控制的范围，责任中心一般分为成本中心、利润中心、投资中心三大类（在这三个主要分类之外，还有一些企业和行业结合各自实际，又划分有资金中心、收入中心等），各个责任中

心承担相应的职责，是相对独立的利益主体。其中，成本中心是指只发生成本不取得收入的责任中心。成本中心只对可控成本做出承诺，对成本的发生及构成的合理性、合法性负有会计责任。成本中心业绩体现在对责任成本进行控制的效果上。利润中心是指既发生成本又取得收入而且还能计算出利润的责任中心，利润中心实行自负盈亏式的核算与考核，对成本、收入和利润负责。

通常，企业的职能部门是以控制经营管理费用为主的费用性成本中心。而随着知识经济时代的到来，人力资源成为战略资源，人力资源管理上升为企业战略，其角色已发展为"战略伙伴＋员工的领头人＋变革的推进者＋行政专家"，人力资源管理部门不再被视作以降低人力资源成本、减少人事费用为核心任务的成本中心，而已成为企业的利润中心○。战略人力资源管理以企业战略为指引，发现和解决与战略相关的人力资源管理问题，提升组织的人力资源质量、创造力和生产率，由此创造价值（利润）。因此，有观点认为，随着企业人力资源管理向战略人力资源管理迈进，它将实现从传统的成本中心模式向利润中心模式转变。○在这种情境下，人才发展中心作为新成立的战略性部门，自然也会面临一个选择：是定位为成本中心还是利润中心？企业人才发展中心与人力资源部门属性相似、业务领域也有很多相同，同为企业战略性部门，而人力资源管理部门被视为利润中心，那么企业人才发展中心是坚持成本中心的定位还是成为利润中心？这就是问题提出的背景。

成本中心或者利润中心是责任会计制度中的专有术语，实行责任会计制度的核心用意是使企业形成成本倒逼机制，控制和优化企业经营成本。根据责任会计制度，成本中心与利润中心之间的关键区别在于有没有收入，能不能取得

○ 程德俊、杨荣仁：《从成本中心到利润中心的转变——人力资源管理角色的重新界定》，载于《现代管理科学》2000年第5期，第24-25页。
○ 朋震：《从"成本"控制走向"利润"创造——构建人力资源管理的利润中心模式》，载于《中国人力资源开发》2008年9月号，第39-45页。

利润。因此,"人才发展中心是成本中心还是利润中心"实质就等同于问"人才发展中心要不要收费(有没有收入)""人才发展中心的成本费用从哪里来""人才发展中心能不能赚钱(能不能产生利润)"。换句话说,人才发展中心能不能创造利润或者说人才发展中心要不要独立经营?这是问题的实质。

提出人才发展中心能不能创造利润或者要不要独立经营这一问题,在绝大部分情况下,并不意味着企业决策者真的要把人才发展中心定位为利润中心予以考核。提出这一问题的真正用意是在考问人才发展中心的经营者们,人才发展中心能为企业带来多大价值?企业投入巨大资金和人力创办人才发展中心能不能为企业创造预期收益?

二、"人才发展中心是成本中心还是利润中心"为什么难以回答

"人才发展中心是成本中心还是利润中心",这是一个会对筹建企业人才发展中心产生重大影响的问题,它直接关系到人才发展中心的组织定位和发展模式,直接决定人才发展中心的现实运营和长远发展。这一问题横亘于前,让很多人犹疑犯难。

(一)"问题"本身就是一个问题

"人才发展中心是成本中心还是利润中心",这是一个封闭式的问题,表明提问者在发问之前就认定了企业人才发展中心要么是成本中心要么是利润中心(而且,提问者已经认为,按照责任会计制度,人才发展中心不可能成为投资中心或者其他形式的责任中心),答案只能在这两个选项之中,存在四种组合可能:是成本中心;是利润中心;既是成本中心也是利润中心;既不是成本中心也不是利润中心。当然,提问者预先设定的答案里一般不会有后两种选项。这种非此即彼的提问是二元思维的体现,可以部分理解为提问者在这个问

题上存在因为思维局限而造成的实际困惑。用一个简单的答案来解决一个并不简单的问题，对回答者来说确实是个难题。毕竟，不论具体场景、具体对象属性，用一个单相性的尺度来进行判断和选择，得到的结果未必准确、客观。是不是企业内部的所有机构都可以或者说都需要用责任中心这一标准来做刚性的定位呢？显然未必。就算必须用责任中心的尺度来划分，也需要考虑到"一劳永逸"地固化责任中心是否可取，而且，一个具有综合性功能、具有一定规模的机构是否可以简单地视为利润中心或者成本中心，要不要不断划小核算单位后再做出定位？

其次，"成本中心"和"利润中心"的边界和标准已经发生了变化。随着企业经营环境的变化和商业模式的发展，责任中心的理念正在切合现实需要，进行改进和迭代。传统的以利润为导向的责任中心的业绩评价存在误导甚至扭曲经营行为，以及导致管理不成体系等实际问题。在新的形势下，现代企业建立的以价值创造为导向的责任中心业绩管理体系，突出强调组织的目标是创造价值，强调企业、股东和员工以及社会利益的统一，避免在以利润为导向的责任中心模式下追求当期部分实现的利润而导致经营短视及其带来的风险，追求协调和可持续的价值增长。⊖ 在以价值创造为导向的责任中心业绩管理体系下，不断减少成本中心，实现成本中心阿米巴化，⊜ 成本中心向利润中心转变已经成为趋势。但这时的利润中心已不再是我们所理解的传统意义上的利润中心，如果提问者和回答者在这一点上没有建立一致的概念，那么问答的质量就会大打折扣，而且还有可能因为这一问题没能得到很好的解决而使人才发展中心的建

⊖ 刘翰林、唐辰昕：《价值创造导向的责任中心业绩管理体系研究》，载于《会计之友》2017年第9期，第17-19页。

⊜ 阿米巴（Amoeba）源自拉丁语，本意为单个原生体，现指由稻盛和夫创造的一种商业管理模式。在这种模式里，阿米巴是指以单位时间附加值最大化（销售额最大化和经费最小化）为目标实行独立经营、自主决策的企业内部责任单位。

设受阻。

(二) 回答"问题"时的两难挑战

人才发展中心的设计者和从业者是这个问题的关键答题人,面对这个问题,他们的心里是矛盾的和不踏实的,他们难以立即就此给出清晰和明确的答案。

第一,人才发展中心是战略性部门,它的功能内容和价值所指十分确定,最终都体现为助力企业战略实现、服务企业持续增长。在成本中心纷纷向利润中心转化的趋势中,成本中心已经被普遍地认为是消极的、被动的、不作为或低作为的,人才发展中心是自信能够创造显著价值的战略性部门,当然不能被定位为"成本中心"。如果企业人才发展中心被认作为成本中心,那么它的价值创造能力怎么体现、如何证明?因此,从这个角度看,企业人才发展中心是不愿意接受成本中心这一定位的。

第二,人才发展中心所开展的主要业务存在一定的特殊性,对其按照利润中心进行定位和考核具有一定难度。人才发展中心的价值主要体现在培训服务上,而培训服务的价值难以量化,也难以模拟市场机制。服务的价值如果难以量化,考核必然难以实施。仅就培训产品和服务来看,人才发展中心在按照利润中心加以考核这一选择上就没有信心,也没有动力。比如,培训产品若要获得利润则需要足够的需求作为基础——市面上的培训供应商开发的一项产品可以服务整个市场,他们的收益因为销售量的保障而得以保证,然而企业人才发展中心开发出的产品多数情况下只有内部客户在采购,并且,还不得不承接一些外部供应商无法提供或不愿提供的一次性培训需求。因此,即使按照市场机制对培训产品和服务进行定价结算,人才发展中心的收益实际上也难以实现投入与回报平衡,更不用说产生利润。考虑到这些无可回避且难以解决的现实情况，企业人才发展中心对获得账面上的利润是信心不足的，将其定位为利润中心并加以考核是不合适的。

第三，人才发展中心按照利润中心模式定位运营的基础目前还不够坚实。无论是成本中心还是利润中心，都要实行内部核算，都需要为此建立内部核算体系、岗位责任制，需要编制责任预算，进行责任控制、责任核算和责任考核，并且对工作业绩进行客观、公正、有效的奖惩。人才发展中心的主要服务对象是企业及其内部的各级组织与员工，因此内部转移价格政策的制定尤为关键。若人才发展中心确定为利润中心，为保障企业人才发展中心的业务开展，则应以市场标准制定内部交付价格和质量要求，在确保公司整体利益最大化的一致前提下，赋予供需双方协商和签订内部交付约定的权利，同时还要明确内部采购义务与优先准则，要建立能克服和纠正过程中可能出现的职能失调行为的仲裁机构，等等。从目前大多数人才发展中心的建设状况来看，这些基础还不够完备。

三、一种答案：人才发展中心是价值责任中心

（一）从发展方向上看

企业本身就是一个系统化的组织，各个组成部门有各自的职责和功能，它们分别发挥不同的作用、创造不同的价值，最终服务企业目标的实现。无论是直接面对市场的营销部门，还是生产制造单元，抑或是人力资源部门、人才发展中心等具有鲜明职能的部门，它们都是为企业目标贡献的价值创造者。

以价值创造为目标的组织都将成为利润中心，也都将接受利润中心模式的考核，这是组织发展与绩效管理的新趋势。企业人才发展中心不能排斥这种变化的趋势，应该紧紧把握住价值创造这一导向，积极主动适应趋势，不断增强组织的价值创造能力。

（二）从当前实际看

对人才的开发和培养，是人才发展中心设立的初衷，也是其基本特征和主要功能。这一主要功能和职责属于教育范畴，而教育的产业化并没有被证明成功，因为对人的培养一方面需要长期、持续和综合性的投入；另一方面，教育的成效难以量化。因此，如果以利润中心来定位和考核企业人才发展中心，存在考核指标确定和绩效指标提取难的现实问题；如果只是以成本中心来定位和考核人才发展中心，则无法彰显人才发展中心事实上具有的价值创造能力，而且长期下来也会消磨人才发展中心的价值创造意志和动力。

如果按照责任中心的模式来考量，企业人才发展中心在实际工作中既有可以收费的业务，也有一些不适合收费的职能，这也就是说，人才发展中心既有利润中心的特征，又有成本中心的特征，而且在通常情况下，没有哪一个特征特别突出或者占绝对优势。所以，从这一点来看，我们难以由此确定企业人才发展中心是成本中心还是利润中心。

在当前情况下，企业人才发展中心不需要在成本中心和利润中心之间做非此即彼的选择，应该超越这个尺度，从成本中心和利润中心的纠结中走出来，以战略价值创造中心的标准和要求来定位并考核，这不仅能更加清晰准确地把握人才发展中心的属性，也有利于人才发展中心更好地发挥作用。

（三）从企业角度看

企业创办人才发展中心的根本初衷并不是要求其带来财务报表上的直接利润。就算有的企业人才发展中心承担了部分对外的培训业务，但其根本职责一定是服务企业人才发展（那种主要业务来自于企业外部的，采用完全市场化机制的自主经营的"企业人才发展中心"，我们将之称为企业的培训事业部或者从事培训业务的子公司，它们不属于本书所讨论的"企业人才发展中心"的范畴）。对于企业而言，建设人才发展中心首先是关于人力资源的重大战略，是对企业人才建设的重大投资（姑且不说按照投资中心来定位人才发展中心），既然是作为企业的一项战略和投资，就应该对人才发展中心建设中的必要投入抱有战略耐心，给予切实支持。

企业要考虑到人才发展中心本身的属性特征和其办学规律，为人才发展中心充实内涵、提升能力、创造价值和长远发展提供必要的机制与条件，而不是在人才发展中心能力还不够强大或者经营配套机制等外在条件还不成熟时就匆忙考核其利润指标。毕竟，人才建设不是朝发夕至、一蹴而就的，人才建设和能力提升的效果具有周期长、见效慢的特点。

企业要为人才发展中心的价值实现以及利润创造提供条件和环境。比如，根据责任会计制度建立权责利一致的利润中心绩效管理机制，激活财务部门、人力资源部门、战略管理部门等其他与人才发展中心相类似的职能部门，营造企业内部价值创造环境，引导和支持人才发展中心成为利润中心，保障人才发展中心成为利润中心的发展权益。

（四）从人才发展中心的角度看

将人才发展中心定位为价值责任中心，实现人才发展中心权责利三者的统一，依据企业赋予的职责和权力开展工作、组织活动，有助于激发人才发展中心的活力，有助于人才发展中心发挥作用、创造战略价值，也有助于人才发展中心的长远发展。

人才发展中心要不断提升和强化自身的组织能力。在创建初期，人才发展中心可能会存在能力上的不足，因此一定要苦练内功、迎头赶上。要围绕自己的功能和职责全面增强体系能力和队伍能力，确保全方面履行职责、高水准开展工作，以显著的工作成果和广受认可的绩效证明自身的战略价值，以无可替代的价值创造巩固自己的战略地位乃至进一步拓展发展空间。

人才发展中心要始终具有经营意识、成本意识，做好运营成本管理，并且对企业内部组织利润中心化的趋向有清醒的认识。在建设前期，可能会缺少支撑利润中心化的机制条件，比如无法量化组织绩效，但人才发展中心可以主动自我加压，按照利润中心的模式先行模拟自我考核。人才发展中心主动按照利润中心的模式运作，既有利于自身业务能力的快速成长，也有利于在企业内部迅速树立形象、赢得尊重，从而为其更好地发挥影响、创造价值奠定基础。人才发展中心可主动尝试在内部施行"阿米巴"管理，将利润中心细化到内部团队和个人，为最终成为真正的利润中心做好充足准备。

以"建设成为价值责任中心"来回答"企业人才发展中心是成本中心还是利润中心"这个问题，不是回避问题，也不是畏惧困难，更不是害怕承担创造利润的责任，而是基于实际得出的答案，这是当前大部分企业及其人才发展中心能够做出的理性的选择。更何况，我们十分清楚，人才发展中心的未来之路一定是定位在"利润中心"。

| 第三章 |

筑基
企业人才发展中心创建的条件与步骤

第一节　创建人才发展中心的基础条件

企业人才发展中心的战略性价值日益突显，创建自己的人才发展中心成为越来越多企业的选择。那么，是不是所有的企业都需要成立人才发展中心呢？并不一定。创建企业人才发展中心既是一个意义重大的企业战略决策，也是一件需要实实在在的投入并对企业组织系统产生重要影响的事件。人才发展中心的创建需要一定的条件和基础，如果不顾实际，盲目仓促上马建立人才发展中心，势必导致人才发展中心的实际功效和价值发挥受损，由此将会误导和破坏企业对人才发展中心价值的认知。更有甚者，不顾条件投入巨资建设人才发展中心，其结果不仅影响企业的人才发展工作，甚至对企业的经营发展直接造成不利影响。

"天时、地利、人和"是最朴素、最基础的观察逻辑和建构思维，在企业决定是否创建人才发展中心时，可以发挥这一底层逻辑的作用。是否建立企业人才发展中心，首先应秉持"不盲目、不仓促、不勉强"的基本原则，并按照

"天时、地利、人和"的体系逻辑，从有没有实际需要、有没有能力基础、有没有统一意志等三个方面全面、客观分析创建人才发展中心的时机、条件与保障（见图3-1）。

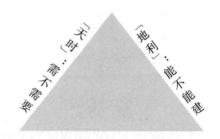

图3-1　企业人才发展中心创建条件分析模型

一、"天时"之需：人才发展中心是合乎时机的选择

所谓"天时"，是指创建企业人才发展中心的时机是否合适，企业是否确实到了需要创建人才发展中心的阶段，论证的是"需不需要"的问题，主要是指企业当前的发展阶段对人才发展中心的需求状态。无论是个人还是组织，均因被需要而具有存在的价值，人才发展中心的存在也是如此。在企业生命周期中，处于不同发展阶段的企业其组织结构不尽相同，同时，企业组织结构的设计还受到行业、规模、商业形态等因素的影响。企业人才发展中心的创建要具体考虑到企业发展阶段的需要，我们可以从人才发展中心是否有被企业需要来论证其创建的时机是否成熟。

第一，考察和分析企业的发展战略对人才发展中心是否有需要。随着企业的发展，企业在人力资源开发、知识资产化乃至生态圈的营造等战略级事务上有着越来越紧迫、越来越具体的需要，当原有的机构难以满足这些需求时，便需要设计和建立一个专门的职能机构，来解决企业战略之需。从已经取得的实践成果来看，企业人才发展中心能够承担和满足这些战略需求。企业在决策是否建立人才发展中心时，应在发展战略层面考察和分析对人才发展中心是否有具体的需求。

第二，考察和分析企业的组织绩效发展对人才发展中心是否有需求。企业的战略实施需要优秀的组织绩效，企业组织能力及由此决定的组织绩效对企业战略具有重大意义。组织能力的提升和组织绩效的改善可以通过学习得到实现，人才发展中心以为组织赋能为主要职责，是有效改善企业能力和绩效的技术专家。如果企业确实面临着组织能力和组织绩效改善方面的实际需求，那么建设人才发展中心就可以成为一个选项。

第三，考察和分析企业业务部门对人才发展中心是否有需求。业务部门承担着具体的业绩指标，要去完成繁重的业务开发任务，在学习效果提升、组织经验传承、团队建设等方面存在许多现实的需求，如果这些需求大多没有得到很好的支撑，则直接影响业务部门的绩效达成，最终影响企业战略的实现。在这种情况下，人才发展中心如果具备相应的能力贴近业务、融入业务，协同解决业务问题，服务业务发展，成为业务发展伙伴，就一定能够得到业务部门的信赖和肯定。

第四，考察和分析企业员工是否普遍对人才发展中心抱有期待。在终身学习、学习型社会、企业成为教育实体等理念的驱动下，企业员工对学习具有全方位、全时性、持续性的内在需求。企业有没有为员工提供学习与发展的路径规划，能不能提供促进员工发展的丰富学习资源和学习机会，越来越受到员工的关注，也日益成为影响员工敬业度的重要因素。在这种情况下，企业需要检视自身能否适应和满足员工在学习体验和学习获得方面的普遍需求。

企业可从上述四个方面的需要来论证建立人才发展中心的必要性，同时，还有三点不能忽略。第一，要严谨验证这些需求的真实性和持续性。有的需求看似很重要，但不一定真实；有的需求看似很急切，但只是临时性、偶发性的需求，不属于长期性的需求。如果这些需求是不真实的或者非持续性的，那么就没有太大必要去实施人才发展中心这一企业层面的重大战略。第二，要系统考虑。当上述需求确实存在时，人才发展中心是不是唯一选择或最优选择。也就是说，这些需求是不是一定要成立人才发展中心才能得到满足？原有的机构能不能承担？如果原有的机构可以承担，那么设立企业人才发展中心的必要性就会明显降低。第三，要统筹兼顾。是不是上述四个方面的需求必须同时存在才可以建立企业人才发展中心呢？当然未必。上述四个方面的需求难以泾渭分明，彼此之间会相互交叉，战略发展的需求作为统领，需要首先关注。总而言之，四类需求具体的程度对人才发展中心的创建模式、功能定位以及运营机制具有决定性的作用。

二、"地利"之基：人才发展中心是基于能力的选择

所谓"地利"，是指创办企业人才发展中心的基础是否具备，企业是否已经有了创建的必要能力基础和资源条件，分析的是"能不能建"的问题。人才发展中心是对传统培训中心的进化和升级，它的出现通常是以培训中心作为基础的，因此，大多数情况下，人才发展中心的创办已经具备了较好的基础条件，比如原培训中心已经建立并运行的员工培训的机制、流程、课程及讲师队伍乃至必要的场地和设施等。必要的能力基础和资源条件，会对人才发展中心的创建及其后续的运营效果产生关键影响。那种认为在"一穷二白"的基础上创建企业人才发展中心就可以"起点高、约束少、包袱轻"的观点，可能是一厢情愿的"理想主义"。企业人才发展中心的功能可多可少、规模可大可小，这是根据企业的需求来设定的，不能因此否认它的建立需要具备一定的基础能力和资源条件。企业创办人才发展中心最重要、最主要的目的是满足组织学习、人才开发的需求，这也是人才发展中心最核心的功能。仅就满足这一

需求、实现这一功能来看，人才发展中心的创办应该具备以下基础能力和资源条件。

（一）能力上的准备

企业人才发展中心需要具备的能力是多方面的，比如对接战略、推动组织学习、领导力发展等学习项目设计实施的能力；人才评鉴、培训体系建构和运行、知识管理及知识资产化；资源开发与整合、学习技术推广与应用、年度培训工作计划的制订与执行以及对企业供应链各方实施培训的能力，等等。这些仅仅是为满足组织学习、人才开发需求而应具备的能力，其中有些在传统培训中心时代就已经有了一定的基础，有些则是人才发展中心作为战略性部门而被新提出来的；有些能力在原有基础上需要拓展、提升、强化，有些能力则需要快速培养生成。

能力体现在人的身上。人才发展中心一经挂牌，必然需要有相应的人员参与其中并具体承担职责与事务。无论人才发展中心的内部组织架构如何设计，其人员可以分为四类。一是领导层，负责人才发展中心的顶层设计和规划，与企业高层互动对接企业战略，为人才发展中心服务业务部门建立工作机制和营造工作环境，负责驱动人才发展中心团队创造性地开展工作。二是项目经理，对接业务需求，承担具体产品的研发组织和项目的设计与实施，他们是项目的责任人和牵头人。三是学习专家和咨询顾问，负责参与需求访谈、项目设计、课程开发、案例编写、授课、教练、辅导、咨询等专业性工作。四是后台管理与维护人员，有的人才发展中心还会设有统筹性或行政职能性部门，承担资源和系统（平台）的管理与维护，负责工作计划的制订与考核以及人才发展中心内部其他行政性事务等。

（二）资源上的准备

为满足组织学习、人才开发的需求，企业人才发展中心的运营需要有一定的资源条件。

第一，课程资源及其体系。人才发展中心要有自主开发的、富有企业特色的学习课程和学习项目，这些课程和项目一是可以确保学习的针对性及有效性，二是可满足企业知识管理的必然要求，三是能激发员工们的企业荣誉感。提前准备一定的学习课程资源，可以为人才发展中心创建后员工学习体系的规划和建设以及学习活动的迅速开展奠定基础。比如，新员工培训课程、企业文化培训课程、岗位技能类培训课程以及其他常设专题培训课程等大量基础性课程的开发，不一定非要等到人才发展中心建成之后。

第二，师资资源及其体系。内部兼职讲师是人才发展中心实施培训的重要资源和力量，能不能建立一支具有相当规模、具备相应能力、热情饱满的内部兼职讲师队伍，对于人才发展中心的日常工作开展和内部影响力塑造十分重要。除此之外，外部供应商的掌握情况也是人才发展中心成立后开展工作时需要考虑的重要因素。

第三，场地设施方面的资源。人才发展中心的成立对于员工的企业认同感有无形的促进效应。如果只是挂了一个企业人才发展中心的牌匾，而在硬件设施上没有一点投资投入，那么难免会让人觉得创办人才发展中心这件事情有其名而无其实。当然，硬件资源更实际的价值在于为人才发展中心的工作开展创设了必要的设施条件。

（三）机制上的准备

一项工作若不能建立机制流程，那么工作的计划性、规范性就难以得到保障，工作质量也难以保持稳定。有没有关于培训工作的机制流程直接反映了培训工作的水准，对人才发展中心成立之前有关培训机制和流程的完整度、成熟度的检查，是对企业创办人才发展中心的能力条件的一种判断。此外，创办人才发展中心的工作是不是有规划、有思路，有没有在人、财、物上的投入做出了切实可行的计划，这都是十分重要的机制层面上的准备。

人才发展中心是对传统培训中心的迭代和升级，因此，即使原来的培训中心已经具备一定的基础和条件，人才发展中心的创建也不能直接使用原有资源，而应该根据新的定位和需求进行改造、建设和能力提升，以实现从培训中心向人才发展中心的质的转变。当然，这并不是否定企业原有的基础条件，相反，这种基础条件十分重要。我们难以想象，一家企业在员工培训、组织学习方面几乎没有实际经验，专职人员完全依靠招聘，或者培训的基本机制流程缺失的情况下，能把人才发展中心做出好的效果来。没有必要的基础条件就仓促创办人才发展中心，必定会因为基础不牢而付出代价，也势必制约人才发展中心作用的发挥及其长远的发展。在条件不够成熟时，则可以以创办人才发展中心为目标，先打基础、强能力，待具备条件后再挂牌成立。换句话说，与其在没有历史积累和必要的基础能力的情况下"强行上马"，还不如先扎扎实实打基础，待能力具备、条件成熟时再来创建人才发展中心。

强调能力上的准备，也并不意味着企业需要完全具备所有的能力才可以创办人才发展中心。"创办"本身就是建设性的过程，创办人才发展中心的过程实质上就是检查梳理能力、基础、条件是否具备以及不断提升完善它们的过程。如果所有能力都完全具备了，那无论是否对其挂牌或予以命名，人才发展中心实际已经存在了，也就无所谓"创办"了。同时，这些能力、基础和条件不应只是在人才发展中心创办之前或创办过程中需要使之具备、加以强化，更要在人才发展中心成立后的运营中始终坚持和不断提升。

三、"人和"之选：人才发展中心是人心所向的选择

所谓"人和"，是指企业内部对创建人才发展中心达成共识，强调的是创办人才发展中心的意志是否统一和坚定，是否愿意在人才发展中心的建设上做出必要投资并能够坚定地办下去，考察的是"想不想做"的问题。

（一）决策层的观点意志至关重要

一是要充分认识到战略意义。创办企业人才发展中心是一项重大的战略决策，要确保每一位决策者充分认识到人才发展中心的战略意义，认识到创办人才发展中心是企业当前必须做出的战略选择，是对企业长远发展的战略性投资。要避免领导者在企业人才发展中心兴起的热潮下，认为"优秀的企业都有人才发展中心，所以我们的企业也应该创建"，便盲目做出创办人才发展中心的决策。

二是要统一观点。每一位参与决策的企业高层都十分清楚和认可创办人才发展中心的最终目的和根本价值，以及为此所必须投入的资源。企业决策层要在对创办人才发展中心的战略意义有了深刻和充分认识的基础上，最大限度地实现观点的统一。只有得到来自企业高层的一致支持，人才发展中心的发展才会更加顺畅和高效。事实上，有少数已经名列世界500强的企业至今没有建立人才发展中心，究其原因，最根本的是企业决策层的意见没有得到统一。其中有的企业为此立项不止一次，反反复复耗去数年时间，费尽大量人力物力，也终究没能如愿。

三是要坚定意志。实践已经证明，成功的企业人才发展中心具有一个特征：企业高层始终高度重视人才发展中心的发展和日常工作。如同其他任何一项企业重大决策一样，创建人才发展中心不仅需要企业决策层的深度认知和高度统一，而且还要有对人才发展中心价值的坚定不移的高度认同，而不是"说起来重要，做起来次要，忙起来不要，困难时就把它砍掉"。企业决策层要通

过亲自参与人才发展中心的规划乃至具体项目和活动等实际行动，表明企业对人才发展中心的高度认可并形成示范，引导企业上下积极参与到人才发展中心的建设中。

（二）中层管理者的认同和支持是人才发展中心发展的关键力量

企业的中层管理者是"学习的大使"，他们在企业的经营中发挥着重要的作用，在企业内部的舆论场上也拥有关键的位置，他们的认同与支持会对人才发展中心的创建和发展起到关键推动作用。人才发展中心开展日常工作不仅要争取企业高层的指导和支持，也需要各部门的理解与合作。培养人才的第一责任者是团队领导者，人才发展中心要积极配合协助企业中层管理者，为其打造高绩效组织提供专业支撑服务。企业中层管理者在日常工作与业务管理活动中的支持，会为人才发展中心创造更多的需求和更好的声誉；他们在业务经营中讨论和解决各类管理或技术问题时可以邀请人才发展中心参与，在与企业高层的互动中可以有效地证明人才发展中心的价值。因此，获得中层管理者对人才发展中心价值理念的认可和好评，对于人才发展中心的创办也是一个重要的前提条件。

（三）全体员工的拥护和参与是人才发展中心的重要基础

"上下同欲者胜"。企业人才发展中心建设需要"人和"，不仅是指企业管理层要重视人才发展中心，而且要把这种高层决策与重视传达到企业全员。珍妮·C.梅斯特也认为，在企业中就人才发展中心及其角色"进行再多的沟通都不为过"。企业应该全方位开展有效的宣传，使人才发展中心的意义、价值、理念以及所能提供的产品与服务广为人知，必须立即解决普通员工关于什么是企业人才发展中心、企业为什么创办人才发展中心、为什么学习对公司这么重要、通过人才发展中心可以获得哪些类型的学习项目、人才发展中心与公司的培训管理部门有什么不同、我如何参加人才发展中心的学习等备受关注的问题。

第二节 人才发展中心的创建逻辑与步骤

创建一所人才发展中心需要开展一系列的工作，工作量的大小将因人才发展中心的定位、建设目标和建设条件等方面的不同而有所差异。但是，任何一所人才发展中心的创建，无论其功能多少、规模大小，都有一些基本的创建逻辑和建设步骤需要遵循。

一、人才发展中心创建路线模型

人才发展中心创建的路线应遵循由虚到实、由抽象到具体的逻辑，按程序先后依次展开，在总体上呈现为金字塔的架构。创建路线中共计 12 个步骤，根据步骤的属性特点，可以分属 4 个模块，这便是人才发展中心创建路线"4-12"模型（见图 3-2）。

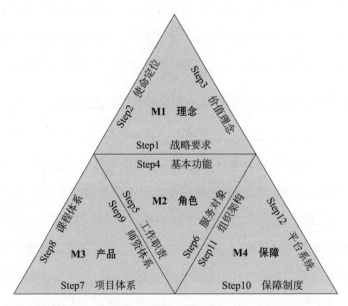

图 3-2　人才发展中心创建路线"4-12"模型

在其顶部为创建路线的先头部分（称为M1），即创建人才发展中心首先需要考虑的问题——人才发展中心的理念。M1理念部分包括3个步骤。第1步，从战略出发，明确企业的战略要求；第2步，确定人才发展中心的使命定位；第3步，明确人才发展中心所需遵循的价值理念。这一部分总体上是解决人才发展中心方向性、理念性的问题，属于上层建筑和意识形态方面的问题，也可以说是为人才发展中心"铸魂"。

从M1出发，企业需将"理念"逐步予以落实。因此，由M1理念将直接牵引和演绎出如何确定人才发展中心的角色。这一部分（称为M2）同样包括3个步骤，依次是：确定基本功能、明确工作职责、梳理服务对象。随着这3个步骤的完成，人才发展中心的形态和边界就基本确定了，其角色也由此得以确立，这3个步骤的实质是为人才发展中心做具体定位，是为人才发展中心"筑基"。

为实际发挥人才发展中心的作用，在角色（M2）确定后，随之可分别确定人才发展中心的"产品"（M3）和"保障"（M4）。这两个模块的确定顺序一般是"产品"模块在前，"保障"模块在后，但也有"保障"模块在前，"产品"模块在后的情况，具体应根据实际情况而定。

M3部分具体也分为3个步骤：建立项目体系、建立课程体系、建立师资体系，这是人才发展中心服务客户和用户的具体界面与内容。"产品"是人才发展中心发挥作用、创造价值的根本，因此M3部分所包含的3个步骤工作内容也可以称为人才发展中心的"固本"之举。

M4部分同样有3个步骤：建立保障制度、确立组织架构、打造平台系统，这是为人才发展中心顺利、规范发展提供必要保障，显然是建章"立制"的内容。

M3产品和M4保障，从两个方面支撑和彰显人才发展中心的M2角色作用，并与 M2 角色一起，在运行之中诠释和证明人才发展中心的理念与价值（即 M1）。

由此可见，在"4-12"金字塔模型中，M1 理念是先行部分，为人才发展中心"铸魂"，决定方向和性质；M2 角色是核心部分，为人才发展中心"筑基"，界定人才发展中心的功能职责；M3 产品关乎人才发展中心的存在价值，是"固本"的篇章；M4 保障解决的是有效、高效、长效发展的问题，是为人才发展中心正常运行建立制度保障，即为"立制"。

创建人才发展中心的 12 个步骤及它们所分属的 4 个模块之间逻辑鲜明，在时序上也有程度不同的渐进关系。比如，在 M1 理念中，需先明确战略要求，再确定使命定位，最后才形成价值理念。在 M2 角色中，应先确定基本功能，才可以明确工作职责，进而界定服务对象。当然，在 M3 产品中，时序上的渐进关联相对较弱，除了应该先建立项目体系之外，课程体系和师资体系的顺序并没有定数，两者可交叉并行，也可根据实际情况确定先后。在 M4 保障中，时序上的渐进性就更弱了，保障制度、组织架构、平台系统三者在建立的时间上没必要做先后之分，在优先度上也没有特别的要求，它们可以同时进行。

二、创建人才发展中心的 12 个步骤

（一）战略要求

创建人才发展中心是企业的重大战略决策，企业战略是人才发展中心的灵魂，是创建和运营人才发展中心须臾不可偏离的指针。在规划、论证和设计人才发展中心建设方案以及具体的筹建过程中，首要的是坚持战略导向，紧紧围绕企业的使命、愿景和发展战略进行设计和规划，深入论证建立人才发展中心是不是企业战略发展的需要，有没有被赋予战略级任务和职能，能不能使

之具备参与谋划战略、承接战略、实施战略和服务战略的能力，最终确保人才发展中心能够发挥战略杠杆作用，创造不可替代的战略价值。因此，人才发展中心的创建乃至后期的日常运营，要始终坚持一切从企业战略出发，持续增强战略思维意识和战略服务能力，通过价值理念的宣传、学习项目的开展以及其他相关功能职责的行使，确保人才发展中心能把握好、贯彻好和坚持好企业战略。

（二）使命定位

使命，通俗地理解，就是终极任务和最核心的任务，它是一切组织存在的意义和理由。一个组织有没有明确的使命，对其发展具有直接而深远的影响。一个有效的使命反映了人们认同组织的重要性，它能吸引、感召人，能凝聚人心、激发力量。一个有志于走向卓越的组织都会明确并宣传其使命，以此凝聚和激励组织中的每一个成员。人才发展中心是企业设立的战略性部门，具有强大的渗透力和重要影响力，需要对其使命做出明确定位。人才发展中心的使命是由其所承担的战略任务直接规定的。在准确把握企业战略要求的前提下，人才发展中心需要对自身的使命予以明确，以此来简洁、清晰、有力地描述人才发展中心存在的价值。明确了使命，人才发展中心的功能、职责才有确定的依据，人才发展中心发挥作用的关键方向才能更加清晰，同时，这也将促进人才发展中心品牌形象的塑造。

（三）价值理念

企业的目标使命固然重要，而其所坚持的理念和崇尚的价值，同样需要得到人才发展中心的高度重视，因为它们是实现企业目标使命的路径和原则，是人才发展中心在发挥作用、体现价值的具体过程中所秉持的工作理念和所遵循的基本原则，对能否完成使命、实现企业所赋予的战略任务将发挥十分关键的作用。价值理念来自于使命定位，服务什么战略、以什么为使命，将规定人才发展中心所需要遵从的价值理念。价值理念应服务于企业使命，与企业使命相一致。举个例子，人才发展中心从根本上讲是战略服务部门，那么"服务"就是确立人才发展中心价值理念的关键词，或者说可以从决定"服务"质量与效果的因素中探寻并定义价值理念。

（四）基本功能

人才发展中心的功能是为实现其使命而需要具备并能够发挥的有利作用。在企业战略的指引下，确定人才发展中心的使命定位和价值理念后，就需要对其所具备（或所承担）的基本功能做出界定。也就是说，为完成组织使命，人才发展中心必然需要确定其基本功能，否则使命定位的完成无法保障，价值理念也将没有体现的机会和载体。使命相对宏观，人才发展中心为确保其肩负的使命能落地、可达成，要从使命定位出发，以使命为中心，从不同的角度来分析和确定基本功能，为使命实现提供具体的承载。

（五）工作职责

功能需要通过一项项具体职责的行使才可得以实现、得到保障。工作职责是具体化的功能，是对功能的量化体现。换而言之，功能是粗线条的，而工作职责是具象的、可操作的，是需要而且是可以加以考核的。企业的发展战略规定了人才发展中心承载的使命，使命定位决定基本功能，基本功能引申出工作职责。对于人才发展中心而言，使命定位是宏观的，基本功能是中观的，工作职责是微观具体的。只有微观具体的职责划分确定后，人才发展中心才有进入实际运营的基础。工作职责既是对日常具体事务的界定，也基本明确了人才发展中心的权责利及其边界。

（六）服务对象

随着工作职责的确定，人才发展中心为履行职责需要开展各项工作，工作不是自拉自弹、自说自话，而是有具体的工作对象。工作对象包括可以使用的静态资源，更包括人才发展中心产品和服务的采购者和使用者，即人才发展中心的服务对象。服务对象是产品和服务的购买者和使用者，是对人才发展中心价值创造能力和水平具有直接评价权的客户和用户。在实际运营中，确定服务对象十分重要，这直接关系到人才发展中心的价值方向有没有偏离企业的战略，关系到人才发展中心的使命实现、功能发挥、职责履行是不是在正确的方向上和合适的范围内。确定服务对象，是对人才发展中心工作职责的落实，也能确保人才发展中心的能力与资源聚焦在最有价值的对象上。

（七）项目体系

在确定工作职责、瞄准服务对象后，向客户和用户交付什么产品、提供哪些服务就成为人才发展中心需要解决的重点问题。项目体系不是碎片化的学习课程或单个的学习项目，而是根据企业战略要求以及人才发展中心的使命与功能、职责确定的针对企业实际的、体系化的产品与服务，项目体系之于人才发展中心，就如同产品业务体系之于一家企业。人才发展中心的办学能力和水平直接体现在它所构建起来的项目体系上，能不能构建起满足企业现实需要的项目体系是人才发展中心建设过程中的第一道门槛。

（八）课程体系

对于以学习和培训为核心业务的人才发展中心来说，课程体系是人才发展中心项目体系的重要支撑。如果不能建立起相应的课程体系，项目体系也将因没有内容支撑而失去意义、起不了作用。项目体系是因需求而来，是满足学习、培训、研究等各类需求的交付形态，课程体系则是对其中学习项目体系所涉指课程的系统化构建，依据学习项目体系可以建构培训课程体系。课程是企业知识显性化的重要形式，是人才发展中心组织学习、开展培训的重要资源，它主要应用于培训与学习项目中。课程体系的建设具有纽带作用，是人才发展中心的基本职责，也是人才发展中心能力建设、内涵建设的重要内容，同时又是实施具体项目、建设项目体系的必然要求。

（九）师资体系

师资体系与课程体系相类似，师资是学习项目实施的重要力量。在人才发展中心的实际运营中，常常会将"师资"放大为"专家"，即不仅仅包括人才发展中心授课的讲师（主要指内部兼职讲师），还包括其他参与项目咨询、经验萃取等活动的业务专家。建立师资体系，为的是将这些专家力量有效组织起来，使之投入人才发展中心的项目中。师资体系与课程体系均受项目体系的牵引，支撑项目体系的运行，两者互为条件又相互促进，在建构上并无明显时间先后的差异。师资体系的建设要根据项目体系的需求，企业应不断完善师资（专家）的队伍规模、结构和能力，并实施有效的管理使之具有活力，能够发挥实际作用。

（十）保障制度

制度既是衡量人才发展中心办学能力的一个指标，也是直接影响人才发展中心能否运行好、走得远的条件保障。人才发展中心建成后的运营不仅需要有产品体系和具体的服务内容，还需要有机制、流程和制度保障。项目如何发起、如何调研需求、如何策划设计方案、如何组织实施、如何管理、如何结项评估，每一个环节在流程上的标准、质量上的要求，都需要有明确的制度来规范和保障，由此才能保证工作质量，保障人才发展中心正常运营、发挥功效、创造价值。建立相关的保障制度旨在确保人才发展中心的权责利清晰，是建立责任中心的必然要求，也是保障人才发展中心能够有效调动人、财、物等资源要素开展工作的现实需要。

（十一）组织架构

组织的能力与其架构的设计直接相关。人才发展中心组织架构的建立与完善直接决定了它能否有效履行职责，高效开展工作。人才发展中心组织架构的设计要从其功能职责出发，结合企业实际，以快速响应需求、实现高效协同、提供精准服务为基本要求，本着高效、精简、专业等原则划分部门、确定岗位，同时要注重部门与部门之间、岗位与岗位之间的协同。人才发展中心的组织架构不会一成不变，而是要根据其职责及时做出调整。组织架构是可以显示的外在形式，所蕴含的流程机制也是人才发展中心保障机制的基本内容。

（十二）平台系统

人才发展中心平台化建设是其发挥功能、履行职责的必然要求，同时也将极大地促进其自身能力建设，为其完成核心任务——人才开发和组织赋能创设了更多的条件和资源。人才发展中心要根据企业战略需求，努力将业务和资源平台化，积极打造员工学习、资源共建共享、创新创业以及供应链培训等平台。建立企业学习管理系统是人才发展中心平台化建设的必然选择，实现企业学习在线管理和在线服务的功能融合，使学习管理系统与人力资源管理系统甚至业务系统充分对接、数据互联、信息共享，进而增强人才发展中心的业务敏感性和价值渗透力与创造力，深度支撑企业战略实施。

人才发展中心创建路线"4-12"模型中的12个步骤并非任何情况下都必须严格按照该顺序实施，可以根据企业的实际情况和对人才发展中心的定位做出适当的调整。在创建企业人才发展中心的具体项目实施过程中，按照项目管理的原则，为尽可能节约时间和压缩项目周期，这 12 个步骤中有些步骤可以交差并列开展。提出"4-12"创建模型，主要是为提高人才发展中心创建的严谨性、规范性，进而确保人才发展中心建成后能有效发挥预设的功能，达到预期的效果。

| 第四章 |

铸魂
企业人才发展中心的使命愿景与价值理念

第一节　人才发展中心的使命愿景由企业战略规定

对于一个有志于追求卓越的组织而言，使命、愿景和价值观是至关重要的。使命、愿景和价值观是一组词汇，总是一起出现，它们构成整体，塑造组织的方向，铸就组织的灵魂（见图4-1）。一般而言，使命是指重要的任务和职责，是终极目标和核心价值，是对"（我们）要成为谁，追求什么"的回答。愿景则是具体目标和实现路径，是对企业实现终极目标的规划，既包括阶段性的目标设计和图景呈现，还包括对目标达成路径、范式的描述，是对"（我们）往哪里去，要做什么"的回答。价值观是企业追求和实现目标的过程中所坚守的原则和理念，是对"（我们）以什么姿态和原则履行使命、实现愿景"的回答。使命与愿景的概念所指有较大的重合部分，它们的定义很难做到泾渭分明，在大多数场合，人们总是将使命与愿景一同进行讨论。我们在确立人才发展中心的使命和愿景时也同样面临这个问题，因而在此将"使命"和"愿景"并列讨论，回答人才发展中心究竟要成为什么和往哪里发展这一根本性问题。

对于人才发展中心在实现使命与愿景的进程中所应遵循和坚持的价值理念，将在后文进行讨论。

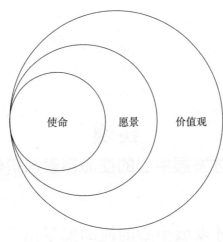

图 4-1　组织"灵魂"三要素

彼得·德鲁克说过，"预见未来的最好方式就是创造未来"。使命与愿景便是对未来的规划。一个组织，能不能确立清晰明确的使命与愿景，等同于其能不能对未来进行科学而富有热情和充满想象力的规划，这一点对其发展具有现实而深远的影响。牛津大学和安永公司（Ernst & Young）的研究表明，自 1995 年至 2016 年的 20 余年间，有关企业使命的讨论增长了 5 倍。《2013 德勤企业文化竞争力调研中国区分析报告》也显示，有强烈使命感的组织在财务表现、品牌价值、文化价值观、员工和顾客满意度等方面有着显著优势。

在人才发展中心的创建阶段，研讨并确立其使命定位和发展愿景，是保障人才发展中心建设质量和持续发展的重要前提。

一、确立使命与愿景的意义

(一) 使命与愿景能够凝聚意志

使命与愿景是一个组织所追求发展的目标。组织之所以应当注重使命和愿景的建设,是因为这有益于创建一个统一的组织。使命和愿景开启了在正确方向的一切事物和可能。[1]理论上讲,当使命和愿景确立后,组织里的每个人都将为这共同的目标而一起工作,组织成员的思想得到统一、意志得到凝聚。

第一,使命和愿景的确立将为组织成员的日常行为决策提供指导,可以帮助组织成员做出明智的选择,有助于员工聚焦正确的目标。员工由于认同组织的使命与愿景,因此便有了明确清晰的目标和追求,当工作中阶段性的目标达到后,员工在需要做出决策的时候,对于下一步该做什么是清晰明确、没有疑义的。

第二,使命和愿景的确立可以帮助组织建立信任。从根本上讲,组织的使命与愿景对组织成员而言,是对取得成功的共同责任感,它可以帮助人们建立信任,促进人们之间的协作和互相依赖。

第三,使命和愿景的建立能降低分歧、减少误解。使命和愿景一旦为组织成员所接受,大家建立了共同的工作目标,在工作中采取行动之前对需要什么和不需要什么是有所考虑和准备的,因此,大家在一起工作时也就不会产生根本上的误解和异见。

使命和愿景为组织指引方向、带来力量。没有明确的使命和共同的愿景,组织成员的信任、责任感和使命意识就难以建立,或者会遭到侵蚀,组织的意志将很难得到凝聚。

---

[1] 【美】肯·布兰佳等著,张静译,《更高层面的领导》,东方出版社2012年版,第36页。

（二）使命与愿景能够激励人心

一个有效的使命能反映人们在多大程度上认同公司的重要性——它引发人们的理想主义驱动——并且它赋予一家公司除了赚钱之外更深层次的存在原因。㊀愿景令人欢欣鼓舞，它使组织跳出庸俗，产生火花。㊁使命和愿景以实务为基础，又富有理想主义的情怀，是对实务的超越与升华，它可以强有力地传达人们的希望和梦想，鼓舞成员的心灵和精神，帮助他们看清自己的优势和贡献。

使命和愿景描绘了关于未来的图景，这种图景的一个显著特征就是它能感召人、吸引人，能够传递梦想、鼓舞人心，能够汇集起巨大的能量和热情。在使命和愿景的驱动之下，员工们感受到他们的工作富有不同寻常的意义，肩负这种意义会让他们体会到强烈的责任感和使命感，他们不仅知道自己在做什么，而且更清楚为什么要这样做。使命和愿景是对组织中所有成员的最有效的精神激励，它会让员工意识到，他们的工作极具价值，将为他们赢得尊重。

在确立了使命和愿景的组织中，管理者应该做的是充分授权。获得充分的信任和授权，员工们将直接地感受到对于组织和事业真实而具体的责任，知道个人对于组织的意义，清楚自己的工作对于实现使命和愿景的不可缺失和不可替代性。因此，在使命和愿景的作用下，员工不是消极地等待，而是能够认清自己的优势，并积极主动地工作，真正以主人翁的姿态为自己的行为承担相应的责任。当员工认同了组织的使命和愿景，就必然认为工作是非常具有意义的，是他们真正渴望的，因此也就能释放出显著的生产效率和巨大的创造力。

㊀ 【美】吉姆·柯林斯著，俞利军译，《从优秀到卓越》，中信出版社2009年版，第217页。
㊁ 【美】彼得·圣吉著，郭进隆译，《第五项修炼——学习型组织的艺术与实务》，上海三联书店1998年版，第239页。

（三）使命和愿景能够塑造组织

第一，使命和愿景决定了组织变革和组织文化。一个令人信服的使命和愿景可以创造出卓越的组织文化，同时，一个具有强大同化效应和感染力的组织文化，总是起始于令人信服的使命与愿景。有着使命和愿景的组织立志追求卓越，因此也必然需要持续变革。组织文化与组织变革相互影响、相互成就。文化是组织的"禀性"和"人格"，是包括变革在内的所有组织行为的基础。文化表明的是"事情在这里是如何发生发展的""变革会如何进行"等，文化建设的过程与组织变革重塑和组织能力建设的过程是同步相生的。

第二，使命和愿景能为组织赢得更好的绩效。众多研究已经证明，那些具有明确使命和愿景同时拥有很强领导力的团队是绩效最好的团队，那些拥有很好的管理技巧但不具有使命和愿景的团队绩效水平一般，而那些在使命、愿景和管理技巧方面都很弱的团队绩效水平普遍很差。为组织确立清晰的使命和愿景，会使每一个个体的能量具有明确的方向，可以协调一致，从而带来信任、客户满意以及一个精力充沛、坚定不移的工作团队和可观的组织绩效。

第三，使命和愿景增强组织成员的认同感和归属感。在获得组织成员的普遍认同后，组织的使命和愿景将转化成为个人的使命和愿景；组织的每个成员都受到组织使命和愿景的影响，并共同塑造了组织文化。当一种文化生成并获得认同后，人们总是会不惜一切代价来捍卫这种文化。在强大的组织文化中，员工会潜移默化形成情感依归。因此，使命和愿景会影响并指引个人，并由此塑造整个组织。

（四）人才发展中心确立使命和愿景的意义

第一，人才发展中心的属性决定了它应该确立使命和愿景。使命与愿景是在企业战略和人才发展中心功能职责之间不可缺少的一环。人才发展中心是企业设立的战略性部门，"战略"意味着"重要"和"关键"的程度。对于一个高度重要的部门所承担的任务，需要从宏观层面上厘清它的任务本质，这也就是说，要从企业战略的要求把握人才发展中心使命和愿景的核心内容，并在此基础上进一步落实其功能与职责，进而建立组织的运行机制，确保它的使命和愿景得以实现。

第二，确立使命和愿景，是人才发展中心发挥作用的前提。从组织发展的角度而言，将肩负的使命和规划的愿景具体表达出来、宣传出去，能够促进组织功能的实现和组织发展的质量。人才发展中心既已承担了战略性任务，也就需要通过一定的途径并以一定的方式把这些"战略性任务"凝练、表述出来，并根据实情对使命的实现做出规划，制定发展的愿景，以此明确组织的发展方向和目标，进而为实现使命和愿景凝聚起更多的资源和力量。

第三，使命和愿景的确立能促进人才发展中心的建设与发展。使命和愿景是组织的共同目标，能够统一思想、凝聚意志、激励人心、塑造组织文化、提升组织绩效。人才发展中心确立了使命和愿景后，能够准确有效地向员工传达自己的战略属性和重要价值，也因此能够凝聚更大的共识，汇聚更多的力量，并为自身的建设与发展建立清晰的指引。

二、如何确立人才发展中心的使命和愿景

从逻辑上来讲，人才发展中心的使命就是去实现它的根本价值，而愿景则是为实现使命所做出的规划。企业创办人才发展中心的初衷与本意是人才发展中心进行使命定位的根本依据。人才发展中心是具有战略属性的企业内设组织，它的设立是实现企业战略的需要，因此，人才发展中心承担着服务企业战略实施、助推企业战略实现的使命。

（一）使命和愿景的主要内容

《更高层面的领导》一书中指出，领导者要为组织策划建立愿景，令人信服的愿景有三个要素：有意义的目标，未来的蓝图，清晰的价值观，这三个要素分别对应"了解你是谁，你要往哪里去，用什么指导你的航程"三个问题。我们可以将"有意义的目标"理解为"使命"，而"未来的蓝图"即是"愿景"，"清晰的价值观"是组织所秉持的"价值理念"。

使命是终极目标，是需要经过长期努力奋斗才有可能完成的宏大的任务。优秀的组织总是能确立起一个有意义的目标，并且始终努力追求目标的达成。之所以强调目标要具有意义，是因为这样才能激发组织成员深度而高尚的使命感，以及干事创业的热情和忠诚。人才发展中心确立"有意义"的使命，一方面，要从企业战略需求出发，以企业战略为导向，确定人才发展中心的发展目标；另一方面，又不能仅仅止步于满足企业当前的战略发展需求，而应具有前瞻意识、进取精神，制定出更具雄心、能够引领人才发展中心长期发展的高远目标。使命与任务是有区别的。人才发展中心承担的任务会涉及若干方面，而其使命应该聚焦于其中最核心、最关键、最有战略价值、最持久、最具包容性的根本性任务，并且从本质上对这类任务做出深刻的把握和描述，具体表述为人才发展中心的生存目的、经营哲学、组织形象等。

愿景是对使命实现的具体规划，是对组织发展前景和发展方向的描述。令人信服的愿景不应是抽象的，而是确实可见、真实可行且能鼓舞人心的对未来的规划蓝图。人才发展中心的愿景制定要从其使命出发，根据企业的实际需求，并结合人才发展中心的实际资源条件，制定出经过不懈奋斗和创新能够实现的发展图景。人才发展中心的愿景要服从于其使命，通常来讲，可对人才发展中心的使命任务制定分阶段实现的路径图，其中包含衡量任务的关键指标，将它们明确下来，进而指导行动。

有效的使命和愿景不是指完成当前工作、得到巨大利润或者击败竞争对手，而是能够使一个组织真正实现卓越。人才发展中心不应把其日常职责的履行、完成年度绩效目标作为其使命，人才发展中心的员工也不应把在这里承担一份工作视为谋生的手段，而是要建立更有意义的目标，以及精神层面的潜在追求，要十分确定和认同所从事的工作是具有意义的，并能够为之焕发出热情。

（二）人才发展中心使命、愿景、功能、职责等概念的辨析

使命、愿景、功能、职责等概念经常出现在我们的讨论中，由于上述定义不尽统一，边界比较模糊，人们难免会将这些概念混淆使用。

总的来说，人才发展中心的使命（本质上是目标任务）是由企业战略所决定的。为了实现人才发展中心的使命（终极目标和任务），需要确定人才发展中心的发展愿景和基本功能。其中，愿景可以理解为对使命实现的具体化和阶段化，而功能则是另外一个维度的概念，指人才发展中心为实现使命而必须具备的职能。在愿景之后，可以制定发展规划，以进一步分解和落实"愿景"。在功能之后，需要确定职责，由职责来体现和保证功能，职责是绩效考核指标的直接来源。总之，人才发展中心的全部活动都应在企业战略的指引下进行，都是为了满足企业战略需求，具体逻辑见图4-2。

（三）确立使命和愿景的注意事项

无论所在企业或者是企业内部其他部门有没有明确的使命和愿景，人才发展中心都可以也应当确立自己的使命和愿景。人才发展中心在确立使命和愿景的过程中，应注意一些基本的要求。

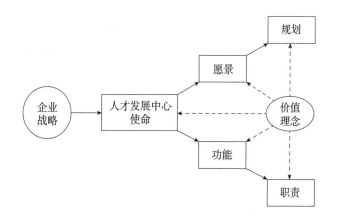

图 4-2　人才发展中心相关概念之间的关系

第一，确立使命和愿景是领导者的责任。使命和愿景是组织中所有领导者的责任。在任何一个组织中，领导者负有创建使命和愿景的职责，不仅如此，他们还要为组织使命和愿景的实现提供持续的保证和投入，这种责任是其他人所不能替代的。企业高层以及人才发展中心内部领导者，要明确清晰地理解企业对于人才发展中心的要求，以及在这一要求下人才发展中心的发展方向，这是人才发展中心能够确立使命和愿景的首要前提。

第二，人才发展中心使命和愿景的确立，不是对各级领导者的有关意见和建议进行简单的合并，而是需要在组织中就使命与愿景进行对话和研讨，并达成广泛共识，这是一个长期的过程。使命和愿景的确立需要集体的参与和感知，是一个需要耐心投入的过程。人才发展中心要善于运用团队共创的知识和技巧，凝练出最具力量、最精准、最传神的使命和愿景。虽然最初负责起草初稿的责任在组织的高层管理者身上，但同时也需要一种机制，让组织中的其他人有机会将使命和愿景铸就成型，进而达成一种心理契约。在最初起草使命和愿景的阶段，要广泛调研人才发展中心利益相关者的意见和建议，比如：你愿意为具有这样使命和愿景的组织工作吗？你能看到你与这种使命和愿景的契合点吗？这个愿景会帮助你确立工作的优先顺序吗？这一使命和愿景令人感到激动和鼓舞吗？我们还遗漏了什么？我们应该去掉什么？等等。㊀让员工和其他利益相关者参与其中，通过这些问题的讨论不仅能创造出更为精炼有效的关于使命和愿景的表述，同时也加深了人们对人才发展中心使命和愿景的理解，建立和强化他们对今后行为的承诺。

第三，确立使命和愿景是一种历程，不可一蹴而就，也不能在确立后就以为万事大吉了。使命和愿景的意义更在于执行，要通过日常执行以及经常性的讨论和宣传让其保持活力。越是更多地关注组织的使命和愿景，其使命和愿景就会越清晰、越深刻地被员工所理解和接受。在组织的使命和愿景确立后，领导者的一个重要职责便是保障整个组织的成员都能予以响应和执行。人才发展中心的领导者要建立相关机制，引导和督促员工将个人的追求目标与人才发展中心的使命与愿景统一起来，并在工作实践中，帮助员工扫除障碍，让人们能充满热情、坚持不懈地为实现组织的使命和愿景而努力工作。

第四，在制定和确立使命与愿景的全部过程中，全体成员特别是组织中的领导者要具备为实现愿景而献身的勇气与担当，要确保组织的行为、实践与愿景完全一致、相互契合，这样会帮助更多的人加深对人才发展中心使命和愿景的理解和认同，并有效提升人们对于人才发展中心使命和愿景的执行力度。

三、确立人才发展中心使命与愿景的四个原则

使命和愿景本质上是一种目标任务，确立人才发展中心的使命和愿景时，

㊀ 【美】肯·布兰佳等著，张静译，《更高层面的领导》，东方出版社2012年版，第34页。

我们可以参考 SMART 原则。⊖ 在制定和确立人才发展中心的使命与愿景时，应该把握好以下四条原则。

一是要聚焦（Focused）。使命关注的是最核心的任务。在确立人才发展中心的使命和愿景时，要着重关注最要紧的任务——人才发展中心战略价值所在，而不要贪大求全、面面俱到，否则会降低使命和愿景应有的意义，并在实际工作中分散人才发展中心的资源投注，模糊人才发展中心的主攻方向，进而影响人才发展中心员工行动的一致性和有效性。同时，我们也要注意，不同的企业对其人才发展中心的要求不一样，我们在制定和确立人才发展中心的使命和愿景时当然可以学习借鉴先进标杆，但一定要坚持从本企业的实际出发，服从和聚焦本企业的战略要求。

二是要可行（Feasible）。所谓可行，也就是要务实。无论人才发展中心是否需要对外开展业务，一般来说，作为企业的内设组织，它的活动空间总是难以超越其所在的企业，因此，人才发展中心的使命和愿景要有一定的边界，而不是漫无边际、力求无所不能。人才发展中心的使命归根结底为的是服务企业战略，因此要按照企业战略的要求，从现实出发，确立所追求的根本目标，制定可行的阶段任务和发展愿景。如果把"建设学习型社会"这一类的目标作为人才发展中心的使命，就会让人觉得不伦不类，难免有不自量力、好大喜功之嫌。如果人才发展中心的使命和愿景脱离了实际，其结果只会适得其反，不仅起不到该有的功效，而且还会制约和阻碍企业的发展。

三是要简洁（Concise）。因为简洁，才有力量。简洁不等于简单，而是高度的凝练，是在对使命和愿景全面把握、深度理解的基础上做出的最精简

⊖ SMART 原则来源于彼得·德鲁克的《管理的实践》，是指设定目标时要注意目标必须是具体的（Specific），是可以衡量的（Measurable），是可以达到的（Attainable），是与其他目标具有相关性的（Relevant），是有明确截止期限的（Time-based）。

的表述。通常而言，使命总是用一句话就能概括，愿景相对比较具体，但也都十分简洁。"简洁"的最大法则就是聚焦核心要素、紧扣关键指标，比如"使命"，应该针对人才发展中心众多任务中最核心的任务加以表述；而"愿景"就要抓住人才发展中心发展的最关键的指标，这些指标可以构建出一个让人一目了然而又赞叹不已的未来图景。使命和愿景的表述力求简洁，最主要的是为了便于记忆和传播，使命和愿景只有被更多的人了解和理解，才有可能被接受和认同；只有被更多的人认同，使命和愿景才更有效果和价值。

四是要激励人心（Inspiring）。有效的使命和愿景一定是能激励人心的，而激励人心是以共情、动人为基础的，因为只有先打动人才有可能真正、持久地感召人。有效的使命和愿景一定要成为大家的共识，而只有从心出发，从最深的需求出发，才有可能被更多的人认同，才能成为大家的共识。人才发展中心使命和愿景要体现价值品格和精神追求，诠释出不同寻常的意义，构建挑战性强、令人向往、充满想象的发展空间，以此吸引优秀的人才加入人才发展中心的建设当中，支持和参与人才发展中心的工作。

对使命和愿景形成文字表述只是第一步，最关键的是要将它转化成为人才发展中心全体员工的共同心愿、共同目标、共同追求。使命和愿景不能只挂在墙上、念在嘴边，而是要入脑入心，并能转化为行动，最终体现为所有员工以及人才发展中心利益相关者自觉自主的实践，让更多的力量和智慧投入人才发展中心的建设中。建立使命和愿景是人才发展中心联结企业战略的首要环节，通过使命和愿景的确立，人才发展中心便能将企业赋予的战略任务落实和体现在其日常运营中。在人才发展中心确立了使命和愿景后，其所应遵循的价值理念就需要加以分析并确定。

第二节 人才发展中心价值理念的设计

价值理念，既可以理解为"价值+理念"，是组织的价值和理念的综合，又可以理解为"价值实现中遵循的理念"，即价值实现原则。人才发展中心的价值理念，是指人才发展中心在发挥作用、体现价值的具体过程中所秉持的工作理念和所遵循的基本原则，它是一种底层逻辑、经营哲学，是不可偏离的航道。在追求目标、履行使命的进程中，人才发展中心应重视研究和确立所秉持的理念、所崇尚的价值，因为它是人才发展中心实现目标使命的路径和原则，对能否完成使命和企业所赋予的战略任务起到自我约束、自主校正的关键作用。

《基业长青》一书的作者柯林斯通过研究大量"高瞻远瞩"的企业所践行和展现的价值理念，反复强调核心价值观对于企业持久卓越至关重要。他指出，"理念的真实性和公司一贯符合理念的程度要比理念的内容重要"。柯林斯为此给出了一个等式：核心理念＝核心价值＋目的。其中，"核心价值"是组织的"根本信条"和一般性的"指导原则"；而"目的"是指"组织在赚钱之外存在的根本原因"，它"不能和特定目标和业务策略混为一谈""也不能为了财务利益和短期权益而自毁立场"。这些关于组织核心价值理念的观点同样适用于人才发展中心。

一、人才发展中心的价值理念钻石模型

人才发展中心始终坚持企业战略导向，根据企业要求履行职责，面向客户和用户提供产品与服务，由此完成组织使命、实现组织目标。我们将人才发展中心在这个价值创造和实现过程中所坚持的理念和原则归结为：专业、服务、分享、有用，并根据它们之间的逻辑，建立了人才发展中心的价值理念钻石模型（简称钻石模型，见图4-3）。

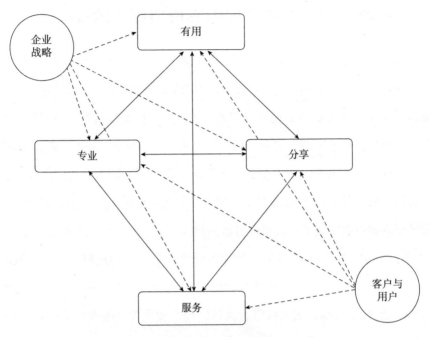

图 4-3 人才发展中心的价值理念钻石模型

在钻石模型中，人才发展中心所秉持的"专业、分享、服务、有用"四个原则和理念，相互关联、相互促进、相互加强。第一，"专业＋分享"（或"分享＋专业"，下同）即分享的内容是专业性的，分享本身也是专业化的，同时专业性又通过分享得以体现和加强。第二，"专业＋服务"即人才发展中心需要提供专业化的服务，同时人才发展中心的专业性又通过服务得以体现和加强。第三，"服务＋分享"即服务本身通过分享而创造和扩大价值，分享是以服务的形式开展。第四，"专业＋有用"即专业性需要体现在"有用"上，"有用"也需要专业来支撑和保障。第五，"分享＋有用"即"分享"要坚持"有用"原则，同时有用性也将通过"分享"来传播和最大化。第六，"有用＋服务"即"服务"要坚持"有用"原则，有用性也要通过"服务"来得以实现并交付给客户与用户。

"专业、分享、服务、有用"四个原则和理念在相互作用之外，在层次上还存在一定的差异，具体可理解为："有用"是"专业、分享、服务"的落脚点，也是出发点，同时又是一条准绳和标尺来检验其他三条原则理念；"专业、分享"体现在"服务"之中；"服务"是人才发展中心价值的主要呈现形式。

"专业、分享、服务、有用"四个原则和理念相互作用并构成一个整体，这个整体象征着人才发展中心的价值所在。在这个整体之外有两个关键的因素，一个是企业战略，另一个是客户与用户。"企业战略"如同北斗星辰，指引着人才发展中心的价值方向；又如发出光芒的光源，照射"钻石"使之闪烁出熠熠光辉。"企业战略"对四个原则和理念都分别起到指引作用。"客户与用户"则是最终的落脚点，也是最后人才发展中心凝聚的焦点，战略的落地、"钻石"的价值都将体现为及时有效地满足客户与用户的需求，客户与用户是"钻石"成色和价值的鉴定者、评价者，同时，通过评价、鉴定以及具体需求响应过程中的互动，也会对四个理念和原则产生直接的影响，进而不断改变、塑造人才发展中心。

二、如何设计人才发展中心的价值理念和原则

（一）专业

人才发展中心以知识为主要资源，以学习为主要工作，以赋能为主要责任，工作极具专业属性，要求具备专业能力和专业素养。人才发展中心是专业化的部门，要具有专业能力，坚守专业精神，创造专业价值。

一是要具有专业能力。所谓"专业"，重在提升"专业能力"。人才发展中心要履行职责、开展业务活动，需具备相应的业务能力。人才发展中心坚

持"专业"的理念原则，首要一条就是不断夯实专业基础，增强专业能力。从核心职能出发，人才发展中心要在人才开发和组织赋能方面具备与要求相匹配的专业能力，成为企业内部的学习和赋能专家；要在知识产品生产、人才开发、组织赋能及与之相关的领域具有专业素养；要在学习产品设计、学习项目策划与实施上有专业能力；要熟悉企业战略和业务，及时高效地响应业务需求。人才发展中心要聚焦核心职责和业务，加强队伍专业能力建设；要保持对标学习，找出短板并及时改善能力。人才发展中心的每个岗位都可以体现专业性，都需要创造专业价值。人才发展中心的员工，不论以往的学历背景和专业基础如何，都应该基于岗位的要求，增强"本领恐慌"意识，拓展专业面、精进专业度，增强个人专业本领，做到能及时掌握学习技术、对产品项目一清二楚、培训实务十分娴熟、流程规则"百问不倒"、项目实施合乎规程，等等。

二是要坚守专业精神。人才发展中心内部设有不同的岗位，其专业要求不尽相同，但对专业精神的坚守是一致的。人才发展中心要大力褒奖和弘扬专业精神，注重在内部培养"专注式""专爱式""专攻式"员工，引导和激励大家专注专业领域、精通专业知识、提升专业素养、夯实专业本领，"干一行、爱一行、精一行；思考一行、琢磨一行、干好一行"，真正成为本专业领域的"行家里手"。在专业精神的驱动下，员工的专业素养和专业能力自然会日益提升，遇到业务问题时必然能勇于担当，确保人才发展中心所实施的项目和交付的产品服务更具有专业品质，其专业形象也会在与客户和用户的互动中和所研发的产品上得到更好的体现。

三是要创造专业价值。不能为组织创造价值的"专业化"或"专业性"是没有任何意义的。"专业性"或"专业化"，最终都要落实在由它创造的价值上。"专业性"的价值要通过具体的工作实践来创造。正如中世纪诗人萨迪所言,"有知识的人不实践,等于一只蜜蜂不酿蜜"。对于人才发展中心的员工来说,实践就是最好的培养;对于人才发展中心来说,提出需求就是最好的肯定。有没有价值创造能力,专业服务能力水平怎么样,都是通过各种实践活动的开展和产品项目的交付得以体现和检验的。人才发展中心通过开展具体的活动,对接需求、提供服务、解决问题,充分展现专业能力和专业精神,以高质量、专业化的交付,为客户和用户创造实际价值。

对于人才发展中心而言,"专业"等同于"不可替代",意味着核心能力。人才发展中心应该坚持把"专业"的原则和理念贯穿始终,融入日常工作。专业性和专业化的履职表现与工作业绩将为人才发展中心赢得信任和尊重,人才发展中心要主动检查和发觉不专业的行为表现(不仅是员工的工作表现,还包括由人才发展中心制定的流程制度和所输出的各类学习资源、报告等),并及时做出改进。

(二)服务

第一,"服务"是人才发展中心创造价值的形式。"服务"几乎已经成为所有组织的核心功能,是组织价值的主要体现形式。通俗地讲,"被需要"就有存在的价值,通过提供被需要的产品与服务满足他人的需要就是创造价值。人才发展中心以战略为魂,以知识为本,以服务立身。相较于其他以具体实物为产品的组织而言,人才发展中心的服务属性更为明显。人才发展中心的绝大部分价值是通过服务得以体现的,是人才发展中心实现功能的主要方式。人才发展中心的"服务"具体要落实在服务企业战略、服务业务发展、服务人才开发、服务智慧传承分享等方面。人才发展中心履行人才开发、知识资产化等部门职责的主要具体方式就是提供学习产品和学习项目的服务,为确保服务能创造切实有效的价值,人才发展中心要坚持专业化方向,不断增强专业服务能力和品质，努力提升客户和用户的价值获得感、需求满足度和服务满意度。

第二，人才发展中心要树立和坚持服务意识。人才发展中心负有一定的职能管理职责，具有一定的管理权力，但人才发展中心不能因为有管理职能而把自己塑造为一个管理部门。人才发展中心的本质属性是服务，这一点必须始终明确。人才发展中心要建设成为企业内部的多种平台，而平台最突出的属性便是服务——这也是对"人才发展中心的本质属性是服务"的一个旁证。服务理念要贯穿人才发展中心规划设计与建设运营的全程，人才发展中心要建立清晰明确的服务者的角色认知，部门和全体员工要自觉坚持和强化服务意识。服务意识体现在对客户及其需求的态度上，体现在对交付产品质量的控制上，体现在每一个岗位日常工作的细节上。主动和分享是服务意识的重要标签，人才发展中心要想客户之所想，急客户之所急，主动对接需求，主动贴近服务，积极分享信息资源，切实为客户解决实际问题。

第三，人才发展中心要保证并不断提升服务品质。服务的品质来自于专业化的服务能力，也得益于全方位的服务意识。人才发展中心要从源头上准确识别并把握客户的需求，甚至前瞻性地发现或预测需求，引导并帮助客户识别其真实需求。人才发展中心要通过提出和实施有针对性的产品和项目设计，发挥满足需求的专业化服务能力，使客户不仅获得满意的服务体验，而且获得超预期的价值。服务无处不在，但有品质、有价值的服务却并不易得，人才发展中心在服务的品质以及标准化上需要持续改善，不断缩小服务缺口，主动适应和及时满足不断出现的多元化、个性化、专业化的服务需求。企业员工对人才发展中心普遍具有较高的期待和向往，大家参加人才发展中心实施的学习发展活动，能不能在这里获得高质量的体验和收获，对人才发展中心的品牌声誉和发展环境都具有直接的影响。

(三) 分享

第一，分享是知识创造的重要途径。知识越被分享越能发挥作用，也因此才越有价值。在传播和分享中，知识必然因为分享者和分享情境的多样化而得到极大的丰富、充实、迭代和更新，分享促进了知识的聚集和倍增。人才发展中心无论是"传道授业解惑"还是被赋予其他的职责，几乎全部的工作都是在与知识打交道，都是在对知识实施分享，并在分享中传承、创造。因此，人才发展中心要坚持并通过广泛的业务活动践行分享的理念，以吸引更多的人参与知识的创造和传承，从而进一步扩大和增进知识的分享。

第二，分享是平台组织的重要特征。分享越充分、越便利，平台的功效就越大越有价值。人才发展中心是企业的重要平台，在这个平台上，企业内的各类资源聚集共享，企业外的优势资源也会由人才发展中心引进来，以满足企业内组织和个人的学习发展之需。平台需要运营，否则分享难以自主发生，也不能有序进行。人才发展中心是平台的建设者、运营者，通过建立分享机制，促进资源方主动贡献资源、参与平台建设，可使更多的部门和个人从该平台中受惠，进而增强企业内的学习与分享氛围，促进企业学习型组织建设等组织目标的实现。

第三，分享有助于提升能力和自信。斯坦利·麦克里斯特尔在《赋能：打造应对不确定性的敏捷团队》一书中提出，共享意识是赋能的基础。对于个人来说，"分享"是最好的学习和提高的方式。分享知识是可以帮助他人的，也能够让分享者获得他人的尊重，分享者将由此获得自我的肯定和内心的满足，而且将增强个人自信。每个个体都有打造个人品牌的心理需求，当把产品分享出去时，都会不自主地自我提高要求，将比平时更加在意交付的质量。人才发展中心应该了解并利用好"分享"的这些效应，建立分享机制，举办有质量的分享活动，推动"分享"成为组织的主动意识，这不仅有助于人才发展中心的能力建设，也有助于其品牌推广。当然，分享活动应该是有质量、有价值的，否则会起到反作用，因此这也对人才发展中心贯彻分享理念、开展有质量的分享活动的能力提出了要求。

（四）有用

"有用"即为价值的真实性。"有用"是一种理念、原则，也是哲学。由于人才发展中心的产品交付多为服务形态，即使有具象的实物，也差不多是教材、报告、材料等有关知识的纸质装订本，其价值在于里面的内容，所以说，人才发展中心的价值是知识以及有关知识运用的价值，这类价值比较难以衡量，但越是难以衡量，也就越能体现"有用"这一理念和原则的重要性。

人才发展中心要为企业战略的实施服务，要为企业各职能和业务部门服务，服务的内容必须切合企业战略的要求和各部门的需求，要紧密结合业务工作实际，从源头上和过程中保证服务没有偏离方向、脱离实际、失去标准，从而达到有效和有用的结果。就学习与培训业务来讲，按照柯氏四级培训评估（Kirkpatrick Model）的标准，"有用"最起码体现在两个方面：一是培训后觉得内容"有用"，二是参加过培训的人中"有人在用"。觉得内容"有用"是指客户通过学习认为人才发展中心提供的学习内容产品服务是有价值的，有助于实际工作，这是属于柯氏四级培训评估中第一层级和第二层级的反应。"有人在用"，是指培训结束后，参加培训的人在实际使用，这个"用"不只是尝试性的应用，而是持续性、自主性的使用，这就属于柯氏四级培训评估中第三层级乃至向第四层级延伸的反应了。

由于自身的特点，人才发展中心的产品和服务容易被虚化，也容易沦为空谈，如果不能克服这种倾向，那么人才发展中心也就十分容易因此失去信任、失去价值。人才发展中心的产品和服务究竟有没有用，是由客户和用户来评价和判定的。无论提供的学习解决方案的宽度和广度如何，人才发展中心都应该让每一位参与者能够很容易地理解，并将之与其实际工作相联系。人才发展中心要在日常工作中坚持审视产品与服务的有用性，确保这些产品和服务确实是客户和用户所期望、所需要的，也是能够应用的，并且要尽力避免那些既花时间又费金钱，而且还妨碍"有用"的东西被应用的事情发生。虽然我们不能仅靠人才发展中心就填平绩效差距的鸿沟，但人才发展中心要努力让每一个学习发展项目中的知识与技能都能够在员工的实际工作中体现出来，都能够直接或间接地促进组织和个人绩效的改善。人才发展中心正是通过提供"有用"的产品和服务，推动和帮助学员应用在培训学习活动中获得的知识，解决实际问题、改进工作绩效，从而服务和支撑各部门各机构改进管理、增强能力、提升绩效。

价值理念是有关如何实现使命和愿景的指导，价值理念需要始终清晰明确，这样才能明确正确的行为应该是什么样的，而且，令人信服的使命和愿景本身也包含了价值观，同时它也需要价值观来保证和规范实现的过程。价值理念可以定义领导力，同时也是员工从事日常工作的行事方式的基础，清晰的价值观是高绩效组织的显著特征。○ 柯林斯也认为，对于一个组织来说，价值理念作为核心是一以贯之、不易改变的，要将核心价值观融入组织之中并长期地

○【美】肯·布兰佳等著，张静译，《更高层面的领导》，东方出版社2012年版，第30页。

坚持它，这比核心价值观的具体内容更为重要。㊀ 这些观点对于人才发展中心设计和坚持价值理念、价值原则也具有指导意义。组织的价值理念要与组织中成员的个人价值观相互认同、相互一致，人才发展中心要确保其员工能够遵循和践行其价值理念。

㊀ 【美】詹姆斯·C.柯林斯，杰里·I.波勒斯著，真如译，《基业长青》，中信出版社2002年版，第97页。

| 第五章 |

立身
企业人才发展中心的角色与功能

第一节　人才发展中心的基本功能

人才发展中心的基本功能是对其所承担的使命和秉持的价值理念的体现，从根本上是由企业的战略需求决定的，当然也受到企业实际条件的影响，因此，不同企业的人才发展中心被赋予的功能并不相同。此外，不同研究机构基于人才发展中心实践调研的报告所展现的关于人才发展中心功能的描述，也存在不同程度的差异。这些差异既有对相近内容在文字表述上的不同，也有因为关注点不同而形成不同的表述。

关于人才发展中心的功能（角色/职责），不同的定义和表述如下（见表5-1）。

表 5-1　人才发展中心的功能

提出者/实践者	人才发展中心的角色/职责
凯洛格（Keylogic）⊖	1. 培训事务专家　2. 员工发展顾问 3. 业务合作伙伴　4. 变革推动者 5. 创新孵化器
交大中国企业大学咨询研究中心⊖	1. 人才培养　2. 文化传播 3. 品牌营销　4. 组织发展 5. 知识创新　6. 价值整合
《培训》杂志⊜	1. 企业品牌、文化价值观与管理思想的传播者 2. 公司战略转型与组织变革的推动者 3. 业务部门的战略合作伙伴 4. 领导力提升、骨干人才培养的摇篮
华为大学（原）	1. 成为公司的干部培养基地和公司全球化战略实施的助推器 2. 致力于建设统一的企业文化、价值观和行为标准，形成核心向心力，保持华为公司的整体形象和竞争优势 3. 提升员工素质与业务技能、促进员工职业化发展，吸引人才，发展人才，支持公司业务发展和人力资本增值 4. 配合公司可持续发展战略，引入先进管理理念，促进企业变革和内部管理进步
平安大学（原）	1. 平安的知识库和人才基地　2. 战略助推器 3. 学习与发展专家　4. 智慧管理孵化器
招银大学（原）	1. 助推人才发展　2. 建造学习生态 3. 传承组织智慧

⊖ 凯洛格在《转型：中国企业大学的新角色——企业大学白皮书3.0》中，将企业大学的角色定位为"培训事务专家、员工发展顾问、业务合作伙伴、变革推动者"，后又在《新兴业务的人才战略——企业大学白皮书10.0》中，对原有四个角色做出了扩展，增加了第五个角色"创新孵化器"。

⊖ 上海交通大学中国企业大学咨询研究中心曾将企业大学的职能归纳为：人才成长、绩效贡献、文化融合、品牌影响等，随后不断更新、补充，而后更新为以上六个方面。

⊜ 《培训》杂志在《2017中国企业大学统计报告》中，在上述四个核心定位之外，还增加了三个定位：员工成长与发展的顾问、培训体系的设计与实施者、企业知识管理平台的搭建者。

(续)

提出者/实践者	人才发展中心的角色/职责
中国电信学院（原）	1. 领导力发展研究和培养基地 2. 高层次人才能力发展的平台 3. 助力企业转型变革的平台 4. 知识管理的平台 5. 价值创造的平台

一、人才发展中心基本功能山峰模型

各研究机构关于人才发展中心基本功能的表述虽有不同，但也存在一些相似和一致之处。这些一致性是人才发展中心普遍性、基础性的功能，是得到广泛认可的重要功能，比如关于战略支撑与服务、人才发展、支持业务绩效改善、知识管理，等等。基于人才发展中心所具有的最基本的战略属性、使命定位，结合这些已经取得的共识，我们提出人才发展中心基本功能山峰模型（见图 5-1）。

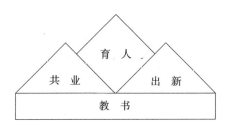

图 5-1　人才发展中心基本功能山峰模型

虽然人才发展中心不能简单机械地被认作为"企业+大学"，但拆文解字作为一种分析思路也有其合理性。在设定人才发展中心的功能时，可以尝试从"企业"和"大学"两个角度去思考，人才发展中心应该兼具"企业"的要求、特性和"大学"的基础性职能。企业是通过有效的战略和管理，产生价值和利润，进而服务社会的主体。人才发展中心作为企业的战略性部门，要为企业的持续增长创造战略性价值，而大学从根上来说是以知识生产和培养人才为根本任务的。基于"企业"与"大学"两者的要求和属性，并结合人才发展中心的实践观察，人才发展中心的基本功能可概括为四个方面：一是教书（知识的生产、智慧的传承），二是育人（人才的开发与培养），三是共业（成为业务的伙伴，服务业务绩效改善），四是出新（构建平台、孵化创新，促进企业变革发展）。

四个功能相互关联，融为一个整体，最终将人才发展中心塑造成为企业战略的重要实施者和推动者。在这四个功能中，"教书"功能是基础，其他三项功能都是建立在这一基础上，也就是说，人才发展中心承担的共业、出新、育人等功能基本上是通过"教书"得以实行，具体的方式包括开展培训学习项目，促进组织生产和分享，以及提供研究报告、决策咨询等。其他三个功能的实施会对"教书"功能提出需求或者要求，并且能为"教书"功能进一步创造条件，进而促进"教书"功能的强化与深化。"共业"功能最直接的理解是与业务部门共发展，这是人才发展中心创造直接绩效价值、发挥战略性作用的重要功能，这一功能的实现过程，既包含着"育人"和"出新"的成果产出，也受"育人"和"出新"的支撑和促进作用。"出新"功能与"共业"功能相类似，"出新"功能的实现也将促进业务发展（"共业"功能）和人才培养（"育人"功能），同时也受到"共业""育人"这两个功能的作用。由于人是最核心最关键的因素，培养人才、开发人才这一战略性资源本就是设立人才发展中心的直接原因。"育人"是人才发展中心最为核心的功能，其他功能都会产生"育人"的效果，同时"育人"的成效也将决定其他功能的实现。

人才发展中心是企业战略性部门，是企业实现战略的工具，这里没有将"助推企业战略实现"作为其功能之一，是因为我们已经把"助推企业战略实现"界定为人才发展中心的使命，"使命"是高于和先于"功能"的，以上表述的四项功能均是服务和体现人才发展中心"助推企业战略实现"这一使命的。此外,以"山峰"作为人才发展中心基本功能模型的名称,一是能形象化展示四大基本功能之间的逻辑;二是寓意人才发展中心为群山,里面有着丰富的宝藏;三是表示人才发展中心将发挥如山般稳健的作用。

二、"育人"功能

(一)"育人"功能的内容

人才发展中心担负着为企业培养人才的重要任务。"育人",也就是"发展人才",毫无疑问,是人才发展中心应该具备的重要功能。人才发展中心以员工为服务对象,从员工的岗位要求和个人发展需求出发,为员工赋能,为企业开发一流的人力资源,实现员工与企业共同发展。

(二)"育人"功能的实现形式

由于个体需求的多样性和企业员工发展的复杂性,"育人"功能的实现方式与途径无法一一列举,以下是几种常见的实现方式。

一是实施人才培养项目,为员工及组织赋能。在理论上,人才发展中心应该为企业全体员工在所有职业发展阶段提供上岗前、任职中和岗位晋升等一系列培训学习项目。这一实现形式与"教书"功能的实现形式相互包含和相互体现。

二是建立员工学习发展体系,为员工发展规划路径、提供指引,成为员工发展的专家,为员工发展提供顾问咨询服务。

三是实施企业文化宣传教育,以文化塑造人,以价值观引导人,加强员工文化养成,增进员工对企业文化的认同和归属。

四是为员工提供与本职岗位要求关联度不大但能满足员工自主需求的学

习机会。这种机会包括促进员工身心健康和综合素养提升的学习资源和培训项目，也包括员工为赢得更好的发展和适应变革而需要拓展的职业化学习。

五是为员工提供展示能力、实现自主成长的平台。人才发展中心是开放性的平台，需要更多的力量参与、分享和创造，员工可以通过这个平台分享个人经验和智慧，实现个人价值。

(三)"育人"功能的实现条件

"育人"功能是人才发展中心的核心功能，这一功能的实现是众多人才发展中心最主要的工作任务，在绩效中占据很大比重。影响"育人"功能实现的重要因素有两个，一是人才发展中心在"育人"方面的专业能力，比如如何将知识技能高质量地传授给学员，如何建立有效的人才发展体系，能否提供成体系的课程资源和师资队伍等。二是人才发展中心把握"育人"需求的能力。能否及时准确地了解和把握企业人才发展的战略要求和各部门的赋能需求，是人才发展中心实现"育人"功能的一个重要前提条件。优秀的人才发展中心能够前瞻性地判断这样的需求，他们总是在客户提出需求前就已经准备好了解决方案和赋能项目。

三、"教书"功能

(一)"教书"功能的内容

人才发展中心曾一度被冠以"企业大学"之名，体现出企业对它在"教书"这一大学传统功能上的期待与要求。这里所说的"教书"，是进行知识的传授、分享、生产和创造。"教书"是最基础的活动，是对知识的收集、整理、加工、转化、使用和管理，是人才发展中心其他功能得到发挥的重要基石，它所产生的成果是其他功能发挥作用时所使用的基础性资源。

（二）"教书"功能的实现形式

在实际工作中，人才发展中心的"教书"功能与"育人""共业""出新"等功能相互融合，这一点在以下这些"教书"功能的主要实现形式中可得到明显体现：

一是授课，即安排讲师完成面向学员的知识讲解和传授，这是我们常见的"教书"最主要的形式，和大学的课堂教学一样。

二是研讨，即为实现相互启发、知识分享、专题研究的学习研讨活动，这类活动是成人在学习中进行知识传播、分享和创造的过程，日益成为人才发展中心"教书"的常见实现形式。

三是师资课程资源建设，即组织经验萃取和课程与案例的开发，建立课程体系和内部讲师体系，建立案例库。无论是对企业内部隐性知识的显性化和产品化，还是对外部课程的内化转移，都是知识发生迁移的过程，是"教书"功能的体现。通过这种方式，不仅建立了课程资源体系，还培养训练了内部讲师，促进了师资体系的建设。

（三）"教书"功能的实现条件

"教书"功能的发挥与实现，有两个重要的前提条件，一是具有优秀的知识管理能力，能够掌握丰富的知识资源（资产）；二是具有优秀的知识应用能力，能够发挥好这些知识资源（资产）的作用。只有具备这两个基本条件，"书"才有可能"教"好。

人才发展中心是企业内部创造、传播知识的智力机构，是实现企业知识资产化的主要力量，加强知识的管理并推动知识的应用是人才发展中心从其"教书"功能衍生出的职责。知识管理工作应该覆盖知识的全生命周期，对收集、整理、构建、创造、存储、分享、使用全过程主动管理，为的是释放知识的最大效用。如何把知识用好是一个现实的考验，人才发展中心不应只是知识的存储场所，更要成为知识发挥作用、知识实现突破升级的赋能平台，这就需要人才发展中心具有高效运用、应用知识的技能，需要掌握"教书"的技术，促进知识的移转，从而实现对员工与组织赋能。

四、"共业"功能

（一）"共业"功能的内容

企业人才发展中心毕竟是企业的内部机构，要坚持企业战略导向，促进组织的健康发展和业务的持续提升。服务业务发展是人才发展中心的重要功能和最直接的价值体现。"共业"本是佛教的一句偈语，意为在一样的环境内，共生共荣，命运与共。这里的"共业"功能是指人才发展中心要从企业的业务出发，努力成为业务伙伴，以命运共同体的意识，与业务部门同频共振、共同发展、利益与共。

（二）"共业"功能的实现形式

人才发展中心服务业务发展的形式丰富多样，比如以下几种比较典型的方式。

一是为业务部门提供培训和学习方面的服务。人才发展中心为业务部门提供培训应是积极主动的，是在深刻理解业务部门能力差距和能力需求的基础上，与之一起策划设计培训学习方案，确保培训学习的针对性和有效性，能够通过培训和学习真正帮助业务部门提升解决问题的能力或形成解决问题的思路、方法。人才发展中心为业务部门提供培训学习方面的服务，不仅仅是实施具体的培训项目，还包括帮助业务部门萃取部门经验、开发其部门内训课程和案例等，服务业务部门自主开展内部培训和学习等。

二是为业务部门提供咨询服务。人才发展中心应发挥组织学习专家和组织绩效技术专家的作用，就业务部门在人才体系建设、组织发展、绩效改善等方面的实际问题提供调研访谈、咨询服务和解决方案，并根据业务部门的需求，结合自身能力实际，参与并协同业务部门解决问题。

三是为业务部门的业务活动提供资源和服务。人才发展中心是企业内部资源共享平台，可统筹整合企业内外部相关资源，特别是学习资源，及时、准确地满足业务部门之需。人才发展中心还可以根据企业的发展要求，在供应链上开展培训业务，增强与企业客户之间的关联，从而促进业务部门开展相关工作。

人才发展中心服务业务发展是全方位的。"共业"功能要求人才发展中心要坚持客户需求导向，围绕着业务部门业务活动的开展，主动、积极、创造性地提供产品、服务和资源，支撑业务部门绩效改进，助推企业战略实施。

（三）"共业"功能的实现条件

一是要"同频"，即熟悉企业，准确理解企业战略，能及时准确地了解业务发展状况和当前遇到的难点痛点，具备与业务部门沟通的基础和能力，掌握业务沟通的语言、懂得业务的本质。

二是要"共情"，要贴近业务，融入业务，想业务部门之所想，急业务部门之所急，尽己所能为其提供资源、资讯以及解决方案。

三是要出实招、见实效，通过有质量的服务切实帮助业务部门解决问题，建立和强化业务部门对人才发展中心的信任，进而使"共业"功能的发挥有更多可能和更大空间。

五、"出新"功能

（一）"出新"功能的内容

"出新"意为推陈出新，是指人才发展中心要能服务企业创新发展。"出新"功能主要包括两个方面。

第一，人才发展中心不应只是简单的知识贩卖者和中间商，不能成为一个纯粹的培训中介机构，而要有集成能力及创新能力，要自主创新产品和服务。

第二，人才发展中心要成为企业的创新基地，在企业内部增强创新创业氛围、搭建创新孵化平台、建立创新服务机制，成为企业内引领创新、催化创新、服务创新的高地。

(二)"出新"功能的形式

一是发挥作为学习部门的专业优势，积极为企业引入学习领域乃至相关业务领域的新方法、新工具、新技术，并促进其在企业内的应用。

二是在引进优质外部资源的同时，更能结合本企业实际，集成创新知识，提供符合企业应用场景的新技术、新理念。

三是具备研究能力，立足企业内部生产、服务、管理实践，研究本企业的标杆实践，总结典型经验，并使之更大范围地复制、推广、应用，从而提升企业整体竞争能力。

四是发挥自身平台服务和流程渗透优势，创新孵化（比如设立并管理企业内部创新孵化平台和"双创"基金），成为企业员工创新创业的策源地，成为企业内部的硅谷。

(三)"出新"功能的实现条件

第一，人才发展中心是以学习为主业的部门，要具有很强的学习能力，主动学习并掌握新的学习技术和理论，成为学习领域的专家，为员工和组织"出新"提供方法论的支撑。

第二，人才发展中心要努力具备自主创新能力，包括新技术的应用能力、新理念的实践能力、实践经验的分析总结研究能力以及自主集成创新能力，要成为创新的积极实践者,并推进和加速企业的创新活动。

第三,创新管理能力。人才发展中心如果成为企业的创新孵化平台,就需要善于管理创新,要能够建立有助于创新涌现、创新应用的政策环境和服务机制。

第二节　人才发展中心的主要职责

职责是指为完成特定的使命、履行一定的组织功能而需要开展和承担的一系列的工作任务,以及完成这些工作任务所需承担的相应责任。某一组织的职责通常是由功能引申而来的,是对相对抽象的功能所做的进一步的明确和细化,是对功能执行的表述。因此,职责是对一个组织(或岗位)为实现其功能而展开的所有活动以及所需承担的责任的界定和表述。职责是可执行的,具有边界性和约束性。一个组织(或岗位),只有其职责得以明确后,对其实行的绩效考核才有了标准。因此,明确职责既是一个组织(或岗位)实现功能、发挥作用、创造价值的现实要求,也为考核这一组织(或岗位)提供了依据和标准。

界定人才发展中心的主要职责,首先要对其功能进行分析,不仅如此,还要追根溯源,把握人才发展中心的价值理念、使命定位乃至企业战略要求,进行综合分析,才能保证界定出的职责科学合理、全面可行。

不同的企业、企业的不同发展阶段,其人才发展中心的功能并不相同。通过观察和研究,人才发展中心一般都具有建立机制、搭建平台、整合资源、战略宣导、专业赋能、引领学习、组织研究、催化变革八个主要职责(见图 5-2)。

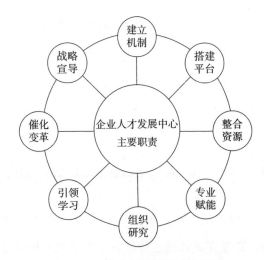

图 5-2　人才发展中心的主要职责

一、建立机制

建立机制是指人才发展中心要负有建章立制的职责，主要是指人才发展中心要在企业层面围绕所开展的工作制定相关机制，这些机制不应只满足人才发展中心部门的内部运营，还应覆盖整个企业，是企业管理系统的组成部分。

建立机制为人才发展中心明确了开展工作的流程、方法、标准以及工作权责利的边界，从而使其工作开展有制度的保障。比如，人才发展中心为有效开展培训工作就需要建立培训工作机制，规范培训工作流程，包括如何调研培训需求、如何制订培训计划、如何开展课程开发、如何组建培养内部兼职讲师、如何管理外部供应商、如何策划和组织实施培训项目、如何开展培训后评估、如何做好培训预算和培训费用管理等。将培训工作的全部流程以制度的形式确定下来，凡是发起或参与实施相关培训活动的，都应该遵守相应的流程。此外，还包括人才评价、知识管理、绩效技术咨询服务、管理研究工作等方面的机制，也就是说，只要有具体的功能和工作任务，人才发展中心就需要为之建立相应的机制来落实和保障工作任务的进行。

建立机制既是人才发展中心所履行职责中的重要工作内容，又为人才发展中心的工作开展创设了条件、提供了保证，同时由于这是一项具有基础性的重要职责，其质量关乎人才发展中心的运营质量，因此，建立机制本身具有相当高的技术性，需要制定者既熟悉业务又具有全局思维和系统思维，这对人才发展中心机制的建设者提出了要求。

二、搭建平台

平台化是组织发展的一个重要趋势。平台化是人才发展中心的发展方向，平台价值是人才发展中心的价值重要体现，平台化建设是人才发展中心履行职责的内在需要和有效途径。人才发展中心是以知识为主要作用对象和载体，以服务为主要价值形式的组织，知识通过平台得到分享从而更具有价值，服务通过平台可以延伸从而扩大服务的效用范围。人才发展中心是企业内部的重要平台，发挥着企业员工的学习平台、知识管理平台的作用，并且应在工作职责范围之内主动或根据需求开发建设其他平台，企业及其各级组织和员工运用这一系列平台获得资源和服务。

人才发展中心搭建的平台既包括实体硬件平台，比如员工创新活动基地、课程开发工作室等，也包括软件系统，如员工学习管理系统等，还包括通过一定的机制组建和运行的虚拟平台，比如内部兼职讲师研修会、员工读书会以及企业内部某些群体的兴趣、学习、创新组织等。人才发展中心要善于使用新的技术和理念构建不同形态属性、不同目标任务、不同对象人群的学习与发展平台。

平台的生命在于流量，资源供需在平台上实现对接、获得价值，由此流量才能得以持续和增加。人才发展中心要建立平台化运营思维，主动做平台的创建者和平台服务的提供者，努力构建有助于吸引流量、有助于平台化发展的政策机制，积极吸收优质的资源，穿针引线、甘做人梯，促进供需有序对接、资源高效利用，从而服务企业中心工作。

三、整合资源

整合资源是指对不同来源、不同所有者的各类资源进行识别与选择、汲取与配置、激活和有机融合，进而创新满足实际需求资源的一种专业性的努力过程。资源整合就是要优化资源配置，要获得整体的最优，实现 1+1＞2 的效果。人才发展中心肩负战略使命，如果仅凭本部门的资源和力量单打独斗，显然是难以胜任的，这就需要人才发展中心充分发挥自身在企业组织体系中的独特地位和专业优势，统筹需求、运用杠杆，实现资源的有效整合，发挥资源的最大价值。

人才发展中心可以整合的资源既包括企业内部的资源，也包括企业外部的资源，比如外部优秀培训资源、企业供应链上的学习资源以及其他社会资源；既包括培训领域的资源，也包括业务方面的资源；既包括人力资源（企业高管、内部专家、内训讲师等）和知识资源（课程、案例、研究报告等），也包括场地设施和经费资源，总之，人才发展中心要具有整合不同属性、不同层次、不同内容的各类资源的意识和能力。

资源整合是通过对资源的充分有效掌握和集结，迅速匹配需求，高效满足需求。整合资源首先需要了解需求和资源，知道需求是什么，需要什么样的资源，还要知道这些资源在哪里；其次，能够迅速有效地掌握这些资源并将其"为我所用"；再次是需要具备不同资源的集成能力，要根据需求配置和组合所掌握的资源，使之发挥最大效益，这也是资源整合中最核心最关键的环节。

四、战略宣导

战略的力量在于执行，而执行的重要先决条件是战略的执行者和利益相关者对战略有清晰准确的认知，能接受认同战略并愿意为此积极地行动起来。战略多是新的理念、新的规划部署、新的目标任务以及新的业务内容，这些新的"知识"只有制定者清楚，而执行者大多数知道得不全面、不准确，因此执行战略首先要将这些新的"知识"传授给执行者。企业发布一项新的战略，其影响往往是多方面的，关系到企业的每一个人，需要得到所有人的参与和支持，因此在企业战略制定和发布后，需要将之传授给企业的全体员工。这一传授的过程通常被称为"战略宣导"，战略宣导是战略制定后落地实施过程中的第一步。

战略宣导是人才发展中心的一项重要职责，也是人才发展中心具有战略性的体现，又是对其战略思维和战略意识的检验。对于人才发展中心而言，"教书"和"育人"是基本功能，教育培训是核心业务，在企业战略和员工行为之间的鸿沟面前，人才发展中心责无旁贷，要以教育培训为手段，承担起企业战略宣导的任务。

人才发展中心宣导企业战略前首先要将其研究透彻，全面准确地理解战略，真正懂得战略的背景、意义、目标、要求及举措、行动计划等；其次要讲得清楚，能够把专业性、理论性的战略迅速转化为可以讲授、易于接受的内容；再次，要设计和组织形式丰富且保证效果的宣导活动，不应仅局限于课堂教学，还可以通过座谈研讨、学习分享、知识竞赛或者易于传播和学习的线上微课等形式，使每一个员工对企业的战略内化于心、实化于行。

五、专业赋能

赋能是当下企业管理的热词之一。组织管理的最大主题是如何赋能于人、赋能于组织，并通过赋能来激活组织和组织中的个人。可以说，组织最重要的功能和职责不再是我们现在所理解的管理、激励或者其他，而是"赋能"。《赋能：打造应对不确定性的敏捷团队》一书的作者斯坦利认为，无论你在哪个领域，无论你处于哪个领导层级，赋能的观念和技能都是你必须学习的。[一]"教书"和"育人"的功能都要求人才发展中心负有"赋能"的职责。

专业赋能是指人才发展中心以赋能为专业，掌握专业化的赋能技术和工具，为企业组织和员工提供专业性的赋能产品与服务。人才发展中心要构建全方位的赋能平台，积极创造和整合更丰富、有质量的资源运用到赋能过程中，增进赋能的效果；还要创造更多的机会和条件，促进员工之间的赋能以及组织和员工的自我赋能。

人才发展中心赋能的对象包括组织和员工个人，两者所赋之能有一定的相似性，都是为了实现绩效改善，但同时，对组织与对个人的赋能也表现出层次上的不同和内容上的差异，比如为员工赋能可以依据员工胜任能力标准，而为组织赋能则是通过组织设计再优化、组织文化再改良等手段提升组织健康度和体系能力。人才发展中心的赋能层次按照授人以鱼和授人以渔来区分，前者是浅层次的、临时性的，后者是深层次的、系统性的、根本性的。

六、引领学习

"学习"是人才发展中心"教书、育人、共业、出新"四大基本功能共有的基石和共同的实现方式，是人才发展中心的一项根本特性。学习与培训不只是一种管理工具，同时又是一种有效的战略工具，通过它，人才发展中心能产生战略杠杆的作用。人才发展中心应以促进学习、引领学习为本职，通过

[一] 【美】斯坦利·麦克里斯特尔等著，林爽喆译，《赋能：打造应对不确定性的敏捷团队》，中信出版社 2017 年版。

组织学习与培训，开发人才、赋能组织，进而助推企业战略实现。人才发展中心不只是设计、组织学习活动，还要在企业内承担引领学习的职责，促动员工和组织自主学习、自主赋能，推动企业学习型组织的建设，进而提升企业竞争能力。

第一，作为学习责任部门，人才发展中心要激发员工的学习热情，创造便利条件，提供丰富优质的学习资源。不仅如此，人才发展中心还要主动开展学习需求调研和分析，制订有针对性的学习计划，实施学习项目，并且对学习效果做出评估，促进学习成果得到应用。

第二，作为学习领域的专家，人才发展中心掌握了先进的学习方法论和学习技术，通过应用新的方法与技术，比如行动学习、教练辅导、管理沙盘、伙伴学习、复盘、在线学习以及应用 VR、AR 等新技术，帮助员工提升学习效率、改善学习效果。

第三，作为企业内部平台的创建者，人才发展中心要搭建在线学习共享平台，让每一个人都有机会成为学习平台的资源建设者和贡献者，都有机会从学习平台获得知识技能和荣誉激励，增强企业学习氛围。

第四，作为企业内部的第三空间，人才发展中心要彰显学习特色，发挥平台作用，为员工创造相对宽松、民主、自由的环境空间，消除可能存在的层级约束和思想界限，促进开放的交流和思想的碰撞，提升组织学习能力、打造学习型组织。

人才发展中心肩负"引领学习"的职责，最为核心的是建设学习型企业。人才发展中心要担负起企业学习管理的相应工作，促进乃至主导企业学习型组织的建设。这需要人才发展中心能够按照学习型组织理论的要求，改造升级企业传统的学习环境、学习资源、学习机制，促进改善员工和组织的心智模式，树立和加强学习力是第一竞争力的认知和意识，将学习与业务紧密关联，以解决问题、提升能力、改进绩效为导向，实现工作即学习、学习即工作。

七、组织研究

拥有研究能力是人才发展中心不同于传统培训中心的一个关键所在。对于人才发展中心来说，组织开展专题研究是服务企业经营管理的一种工作形式，是支撑企业持续发展、推动组织变革的有力举措。研究是人才发展中心的专业能力之一，为全面履行企业所赋予的角色功能，人才发展中心可以以建构研究、诊断、培训三位一体的模式，通过研究服务业务，促进培训工作。一般而言，研究基于诊断之上，一个完整的研究流程包括对现状的诊断和对问题的梳理，研究的成果又能够进一步提升诊断的水平和能力。研究能促进培训，将研究成果应用到培训中，发挥先进实践、典型经验的启示和借鉴作用，提升培训质量；同时，又能在培训中检验、完善研究成果，并从学习中发现新的研究课题。培训与诊断同样能相互促进，培训的前提是诊断，只有诊断出问题，分析出要求与能力现状之间的差距，才能确定培训和学习的方向；培训实施过程中以及实施后，可以通过诊断技术，对培训质量进行检查和提升。

人才发展中心的组织研究主要集中在三个领域。一是对问题的研究。企业在经营发展过程中会遇到关于生产、管理、研发、市场、销售等各种实际问题，面对这些问题，企业不一定有外部或过往经验可借鉴，这就需要组织开展研究。二是对经验的总结。企业在其日常运营和管理时，会积累许多有益的经验，如何总结、沉淀、复制、推广，这同样需要加以研究，使这些经验显性化和产品化，进而发挥作用。三是引进知识的内化研究。在引入外部经验或新的技术、理论时，如何与企业自身实际相结合，这就需要组织开展针对新技术、新理念、新理论在企业落地实践的内化研究。

人才发展中心开展组织研究不能为了研究而研究，而是要能解决实际问题，比如能否促进知识资产化，能否解决经营管理问题，能否服务企业人才开发等。为提升研究的质量，人才发展中心在开展组织研究时，一是要始终坚持业务导向，确保研究的方向和价值；二是要注重研究成果的应用，运用研究、诊断、培训三位一体模式，实现三者的闭环和相互促进；三是要提升人才发展中心员工在研究、诊断、培训三个方面的综合能力和素养，夯实人才发展中心的基础能力。

八、催化变革

转型已成为常态，变革是组织发展的主要途径。任何有关组织的变革，都是以思想观念的变革为前奏、做准备。如果没有建立与变革愿景相适应思想观念，变革将难以发动、推行。不仅如此，在组织成员的思想观念发生新的转变后，他们有没有承担变革任务的能力便成为直接决定变革能否成功的关键条件。无论是思想观念的转变还是新的能力的养成，都是人才发展中心创造战略价值的机遇，而且，这种战略价值近乎无可替代。

人才发展中心是企业知识资产最集中的部门之一，是企业内实践分享与理念交锋的重要平台，是组织智慧的传承主体，人才发展中心应该成为也有条件成为企业管理思想和战略的策源地，成为企业变革的策源地。人才发展中心要做变革的推动者，发挥变革催化作用，推动组织变革走向深入、走向成功。

在变革的全部过程中，人才发展中心都具有催化和促进变革的能力。第一，变革的实质是组织能力的变革，具体体现在人的思维和能力的变革，其中管理者是关键。人才发展中心要服务企业提升管理者领导变革的能力，就需要构建主动适应变革、积极实施变革的领导力模型，并依此设计实施领导力发展项目。第二，开展变革宣导，为变革统一思想，减少阻力。第三，实施战略解码工作坊，并根据变革要求，设计并组织相关学习活动，为员工和组织赋能，支撑变革实施。第四，组织外部标杆参访，沉淀变革实践经验，为推进变革提供经验借鉴和智力支持。

为承担好催化变革的职责，第一，人才发展中心要能前瞻思考变革、深入理解变革，这就要求人才发展中心始终保持强烈的战略意识，能够跟随企业的战略，站在企业战略的高度思考和谋划工作。第二，人才发展中心要具有催化变革的技术和能力，比如变革的宣导、变革过程中最佳实践的及时总结和推广宣传。第三，人才发展中心自身随着组织的变革而变革，既是人才发展中心所应承担的任务，也是检验人才发展中心是否具有自身建设能力的一次挑战，如果人才发展中心能以自己的变革成效成为组织变革的先行示范，那么这种催化变革的作用功效无疑将会倍增。

第三节　人才发展中心的服务对象

人才发展中心是企业设立的战略性部门，要服务企业战略，对企业负责。因此，人才发展中心的服务对象是谁，似乎是一个不需要讨论的问题。显然，企业及其发展战略是人才发展中心的根本服务对象或者说最终服务对象，如此表述的理论逻辑无疑是正确的，但终究宏观、笼统了些，还是比较让人困惑和不知所措。

服务对象的问题是一个十分重要的问题。如果连具体的服务对象都不清楚或者不能把握准确，那么人才发展中心的价值作为也就可想而知了。服务对象的问题关系到人才发展中心的日常工作方向，直接体现了人才发展中心的职责范围和边界，也关系到人才发展中心的绩效评价。在规划设计人才发展中心时，这个问题需要看清楚、论明白，并且予以明确。

一、服务对象：客户和用户

按照购买和消费服务的状态，服务对象可分为客户和用户。所谓客户是服务、产品的采购者，而用户通常是指服务的直接消费者或产品的使用者，"客户＋用户"是指既购买又使用的主体（见图5-3）。

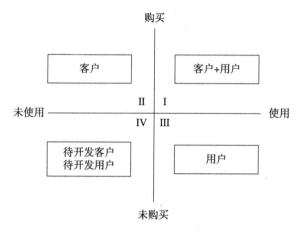

图 5-3 人才发展中心服务对象图谱

对于人才发展中心而言，服务的购买者主要是组织；服务的直接消费者或产品的使用者主要是个人。对服务对象进行划分是为了以识别服务对象特征为基础，提高服务的精准度，提升服务的质量水准。按照客户和用户的划分，针对上图四个象限的情况，人才发展中心对服务对象的需求的把握各有区别。以下我们按人才发展中心的一般性场景，即客户为组织（企业及其部门），用户为个体（员工）来进行分析。

Ⅰ象限：客户和用户为同一主体，即服务对象是同一个主体，这种情况下提出的需求比较直接、清晰和明确，人才发展中心在进行需求调研和确认时就可以避免因为需求主体不一致而造成的信息不对称或信息失真等降低效率的情况，能更好地保证需求解决方案更具有匹配性，能更好地满足需求。不仅如此，由于提供的服务直接接受对方的体验和评价，对服务质量的效果反馈也因此更加及时、准确。

Ⅱ象限：在这一象限中，客户是服务和产品的购买者，但并不是使用者和直接体验者。客户提出的需求代表的是组织的意志，与员工个人的意志并不完全等同。客户对产品与服务的评价也并不建立在直接体验的基础上，而是借助于第三者（用户即员工）做出评价。这种情况会给人才发展中心带来一定的挑战。人才发展中心要满足客户所提出的需求，服务好客户。而服务好客户建立在服务好用户（最终消费和体验产品与服务的员工）的基础上。因此，人才发展中心为确保服务的质量，需要主动在客户（组织）与用户（员工）之间加强沟通和连接。为服务好客户（组织），人才发展中心要提醒、促动客户考虑其员工对这一需求的认知和接受情况，要照顾员工的实际情况及其内在的真实需求，并综合这些考虑对需求的内容以及需求的解决方案做出必要的调整。

Ⅲ象限：Ⅲ象限的情形是Ⅱ象限的另一面。在Ⅲ象限中，用户（员工）不是服务的购买者，而是接受客户（组织）的安排来体验服务或使用产品。对于这样的服务场景和服务对象，人才发展中心为确保服务的质量，要在组织提出需求的前提下主动了解员工需求，也可以帮助员工去理解由组织提出的需求的意义、价值和合理性，同时在方案设计和实施过程中倾听员工对这一需求的合理化建议，并做出及时的反馈。无论在什么情况下，无论客户和用户是否为同一主体，人才发展中心都应该负责任地提供高质量的服务。员工是企业的关键资源，员工的能力是企业能力的直接来源，为员工提供服务是人才发展中心重要的职责，而且，员工在体验服务后的评价以及员工行为的改善是检验人才发展中心工作质量的直接依据。因此，无论是服务企业战略还是打造自身品牌，人才发展中心都应该为服务对象提供优质的产品与服务，满足服务对象的需求，支撑和促进服务对象提升能力与业绩。

Ⅳ象限： 待开发客户或待开发用户。对于那些尚未被正式提出的需求，人才发展中心要根据企业实际情况和企业战略要求，积极主动作为，挖掘需求乃至创造需求，不断释放人才发展中心的战略价值。同时，人才发展中心也要结合已经明确的功能职责，考虑实际承载能力，量力而行，汇聚精力做更有价值的事情，而不是去满足所有的潜在需求。

二、人才发展中心服务对象的三个层次

人才发展中心的服务对象是由人才发展中心的功能和职责决定的。人才发展中心以企业和企业战略为最终服务对象，在日常工作的开展中，服务对象最终会落实到具体的人或组织，由此，我们还可以从战略、业务、能力这三个层次（角度）来观察和分析人才发展中心的服务对象（见图5-4）。

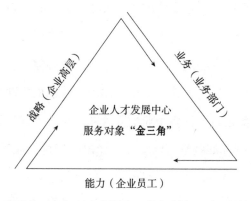

图 5-4　企业人才发展中心服务对象"金三角"

（一）服务战略

第一，服务企业战略。人才发展中心是企业的战略性部门，将直接承担一些具体的企业战略任务，比如企业文化价值观的宣传教育、履行企业社会责任、组织企业领导力开发、建设企业人才发展体系、管理企业知识资产等。人

才发展中心承担这些战略任务，就是在服务企业战略。在这些工作任务中，比如组织领导力开发、建设人才发展体系等，看似没有明确或固定的服务对象，实质是由人才发展中心来代表企业发起需求、验收成果和评价交付质量。另外，有一些工作比如企业文化价值观的宣传教育、战略宣导、企业创新活动等，发起者并不一定是或不完全是人才发展中心，可能是与其他业务或职能部门联合发起的，这些活动的服务对象大多是企业员工，服务好他们就是服务好企业。

第二，服务企业高管。企业高管是企业战略的发起者、关键推动者，甚至是具体战略任务的直接领导者和责任者，服务他们是服务企业战略的重要形式。人才发展中心在战略层面上服务企业高管有四类基本形式。一是当企业高管是企业某项具体战略的主管领导或负责人时，服务具体的企业战略便需要服务企业高管。二是以"企业高管出题，人才发展中心作答"的形式，人才发展中心完成由高管们直接部署的重要工作任务来直接服务企业高管。三是企业高管直接参与人才发展中心的工作时，人才发展中心需要为他们提供相关的服务。人才发展中心为推进自身业务活动和建设，应积极主动邀请企业高管参与人才发展中心的各类项目。许多企业的高管非常重视人才发展中心的建设，并且亲自前来授课或指导某些学习活动，比如出席研讨、成果发布会等。这时，企业高管既是人才发展中心的重量级资源，也是核心客户，人才发展中心应提供课件开发等方面的服务，支撑企业高管参与人才发展中心的建设。四是企业高管以学员的身份参加人才发展中心的学习活动，人才发展中心要提供满足企业（客户）和企业高管（用户）需求的产品与服务。

第三，服务企业战略的承担部门。企业的战略需要落地执行，就要有具体的部门去承担和推进。人才发展中心负责服务企业战略，在大部分情况下是支撑服务企业战略承担部门（指企业战略任务的牵头部门、主要责任部门）——

这也是"共业"功能的体现。人才发展中心服务战略承担部门的方式主要有两种。一是"台前出力",根据战略实施的需求,发挥自身的资源与专业优势,与战略承担部门同在"台上"相互协作配合,一起推进企业战略实施进程,共同完成战略任务。二是"幕后支撑",成为战略承担部门背后的"英雄",比如体现专业赋能的职责,为战略承担部门开展及时、有针对性的培训学习项目,促进其组织与员工能力提升,为完成战略任务提供重要能力上的准备;人才发展中心还可以为战略承担部门开展组织发展、组织绩效等方面的咨询服务,帮助其改进组织机构、改善组织绩效等。

(二)服务业务

服务业务部门。随着企业组织的进化,部门责任中心化成为趋势,因此,我们将通常意义上企业内的职能部门和业务部门统称为"业务部门"。人才发展中心要与业务部门"共业",与企业的业务共同成长、命运与共,就必须把业务部门作为重要的服务对象。当业务部门承担企业战略任务时,人才发展中心对其提供的服务就不仅是服务业务,也是服务企业战略。此外,人才发展中心服务业务部门是为解决实际业务问题、提升业务部门能级,最终推动业务的发展和增长,进而实现企业的战略目标。人才发展中心在业务部门的人才培养(以及人才发展体系建设等相关工作)、经验萃取、组织优化设计、绩效技术应用、创新活动指导、业务资源的开发和共享等方面都可以提供服务。

服务企业供应链。人才发展中心可以为企业供应链上的合作伙伴提供培训服务,一方面通过企业文化理念与价值观的分享传播,与之建立更具相通性的话语体系和思维方式;另一方面,通过相关技术标准、工艺流程、管理规范及优秀标杆经验的培训输出,促进供应链上各主体的统一和融合,进而提升供应链的效率和效益。在这一过程中,人才发展中心可以将培训与业务整合起来,在与供应链伙伴的互动中，促进双方在业务广度和深度上增进合作、实现增长。人才发展中心是否需要服务企业供应链，取决于企业的实际需要，以及三个方面的具体因素：一是企业在供应链中的影响和地位，如果企业在供应链中是比较弱势或被动的，或者影响力、整体实力不强，那么这种可能性就不会太大；二是企业对人才发展中心有没有这方面的要求；三是人才发展中心本身是不是具有价值外溢的能力，包括人才发展中心所拥有的知识资产的质量水平、对外服务的能力和机制等。

（三）服务员工

一是服务仅为"用户"的员工。只是"用户"的员工是根据组织（企业及其部门，常称为送训单位）的安排参加人才发展中心相关活动的人。如前述所指，人才发展中心服务只是"用户"的员工，为保证服务的成效，要努力促使员工从只是"用户"向"客户+用户"靠近，即能够准确理解组织的用意、要求，并能够按照要求参加到人才发展中心开展的（学习发展）活动中，从而最大化实现组织所期望的目标。

二是服务作为"客户+用户"的员工。"客户+用户"的员工是指自主提出需求并接受人才发展中心的服务的员工。比如，人才发展中心提供培训产品"菜单"，员工结合个人发展需要，通过企业学习平台提出学习需求并在"菜单"中选择学习产品或学习项目，经过组织（部门）批准，人才发展中心根据员工的需求报名情况，开设学习项目，提供产品和服务，满足员工的需求。这类需求有与员工现岗位本职工作直接相关的，也有的是员工为拓展能力而选择了与当前工作关联度不大的学习需求。人才发展中心的服务供给要考虑员工的这类需求，经常调研，使之得到必要的满足。同时，"客户+用户"（Ⅰ象限）类型的员工需求还存在一种情况，即员工愿意自己采购并参加人才发展中心开设的收费服务项目（一般安排在业余时间或需员工利用假期），这也是人才发展中心服务员工的一种形式。

三、服务的去边界化和服务职责的边界

人才发展中心本质上具有很强的平台属性和平台化发展趋势，平台型组织是"去中心化"的。人才发展中心因为作用于人、作用于知识而使其影响穿透力、价值渗透力十分强大，加之"去中心化"的内在属性，人才发展中心的服务理论上也是可以无限扩展的——只要企业需要和允许。在实践中，有许多企业人才发展中心的服务已经走出企业，延伸至企业供应链，甚至扩展至社区。这些实践表明，人才发展中心的服务具有去边界化的属性。

然而，人才发展中心的资源和能力终究是有限的，其办学宗旨决定它要把精力集中在服务企业发展上，因此，人才发展中心的职责与提供的服务是需要有边界的。在设计规划阶段，应该基于人才发展中心的定位、功能，明确其职责、界定服务对象的范围，并由此确定提供给服务对象的产品与服务类别、数量和程度。当然，人才发展中心在设计规划阶段并不一定能完全实现这一点，但一个成熟的人才发展中心需要建立事权清单，将人才发展中心最基本的职责、最基本的产品和服务明确下来。

一方面，人才发展中心是服务型运营部门，涉及的领域和事项繁多广博，并且人才发展中心是以学习产品和智慧服务为主业，具有强大的穿透力和渗透力，其服务对象几乎可以囊括企业内部全部组织和员工，甚至溢出至企业外，因此，在实际工作中，人才发展中心可能会有把握不好尺度、区分不好边界的问题，由此降低协同效应、服务质量。比如，人才发展中心作为人才发展专家，负有开发人才的战略性任务，如何与人力资源管理部门形成高效协同就经常遇到挑战，如果没有在流程机制上规定两者的角色、职责、边界，往往会在

人才选拔、人才评价、人才库建设等具体工作上存在相互不认可、工作推不动的问题。这些问题会制约人才发展中心作用的发挥，影响企业相关重要工作的进展和成效。

另一方面，人才发展中心的承载是有限度的，不能无边界地拓展服务。人才发展中心是智力机构、专业机构、服务机构，更多的是提供方法论、咨询指导、制度支撑和管理规范等，但无论何种业务工作、服务形态，终究都难以突破组织所能承载的最大负荷。人才发展中心不需要全盘承接员工需求，而应该是根据企业战略的要求，始终不忘成立人才发展中心的"初心使命"，坚持"有所为"和"有所不为"的理念，懂得取舍、理性选择，聚焦精力能力在主航道上，做价值度最高的事情。

在基本职责已经确定、服务对象已经明确的前提下，人才发展中心需要根据实际情况来确定服务的基本内容和边界（"实际情况"包括企业的组织结构、管控模式，以及人才发展中心的定位与能力等）。人才发展中心可以通过建立事权清单的方式规定自己的工作半径，在事权清单上，可以根据服务对象的不同，分别明确需要人才发展中心提供的产品和服务（必选）、人才发展中心可以提供的产品和服务（可选），由此既方便服务对象，又为人才发展中心建立了一个工作职责的基本边界，不仅有利于提升工作效率，也有利于人才发展中心聚精会神地开展高价值的工作。

| 第六章 |

固本
企业人才发展中心的产品与资源

第一节　人才发展中心项目体系的规划

项目是人才发展中心的主要工作形式,也是对接和满足客户和用户需求的主要界面,能够直接反映人才发展中心的产品与服务能力。由于学习发展是人才发展中心的核心功能和关键职责,学习发展项目也就成为人才发展中心项目的主体,因此,规划设计好学习发展项目体系是人才发展中心项目体系建设的重点所在。

项目体系是对项目的系统化构建。人才发展中心的学习发展项目不应该是零散的、碎片化的,而是要以企业发展战略为导向,在已经确定了的人才发展中心的基本功能、职责内,为满足因企业发展所产生的各类需求而建立起一系列有内在逻辑关联的学习发展项目,并由此建立起学习发展项目体系。能不能建立高水准的以学习发展项目为主体的项目体系是检验人才发展中心办学能力的一把重要标尺,也是人才发展中心从规划设计走向实际运行的关键一步。

一、从学习发展需求到学习发展项目的两种路径

项目是为满足客户和用户的需求而存在的，项目的设计要以需求为根据。学习发展项目是为满足由企业发展所衍生的各类学习需求而设置的学习活动，因此，建立学习发展项目体系需要以全面把握企业及其所属组织、员工的学习需求为基础。学习需求主要可从战略（Strategy）、业务（Business）、员工（Employee）三个方面加以考察。人才发展中心应分析、确定和统筹这三个层面或角度的需求（见图 6-1），并根据需求设置相应的学习发展项目，进而构建学习发展项目体系。

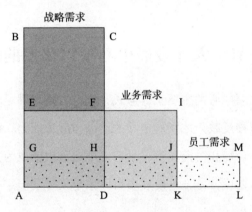

图 6-1　人才发展中心 SBE 需求—项目分析模型

SBE 需求—项目分析模型中，ABCD 区域代表企业战略所产生的学习需求，AEIK 区域代表基于业务的学习需求，AGML 区域代表员工个人所产生的学习需求，三个方面的需求有叠加（相同）的内容，也有未包含覆盖（不同）的内容。业务需求来自企业战略需求，同时有超出的部分（FDKI 区域），即业务部门日常性、部门级的学习需求。员工个人的需求既来自企业战略的需求，又出自基于业务的需求，并且同样有超出的部分（HDLM 区域和 JKLM 区域）。

SBE 需求—项目分析模型表示，企业战略需求是根本性的、主体性的需求，是人才发展中心需要重点关注、确保满足的需求；企业战略在学习方面所提出的需求已经考虑和包含了对业务部门与员工的学习要求。业务部门所提出的需求中有与企业战略需求相一致的需求，同时，作为企业发展战略的支撑，业务部门还需要强化和提升本部门的职能、经营、学习等常规性、基础性的能力，因此会对员工提出相应的学习要求。员工在响应和服从企业战略与业务对其提出的学习要求外，还有自主提出的个性化学习需求，这些学习需求或许与其当前的本职工作并不直接相关。对于业务部门和员工个性化的学习需求，人才发展中心也应该予以关注，并根据实际情况和能力条件为其提供解决方案以及学习产品与服务。

在上述 SBE 需求—项目分析模型中，人才发展中心应分别从需求本身的层次来考察，设置系列学习发展项目。同时，人是最核心的战略资源，员工是企业战略实施的根本力量，企业所有的学习需求最终都将落实到岗位上，体现为各序列、各层级员工的需求，学习发展项目最终也需要员工来参与和体验。如果从学习者——员工的角度来思考，根据员工所处的不同位置（处于不同发展通道上的不同阶段，处于不同的岗位序列、专业族群或业务条线）为其设计和确定不同的学习内容，从而确立一系列以员工发展为出发点的学习发展项目。

人才发展中心 OSC 需求—项目分析模型从员工的学习发展需求出发，具体分析来自不同族群的目标对象（Objective），在不同的职业发展阶段（Stage），需要不同的学习和发展内容（Content），从而设计相匹配的学习发展项目（见图 6-2）。

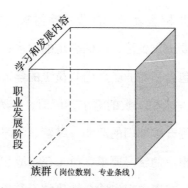

图 6-2 人才发展中心 OSC 需求—项目分析模型

二、学习发展项目体系的三种典型结构

如前述分析,从需求到项目的确立有两条路径,一是分析三个层面的需求,即战略、业务和员工层面的需求,在此基础上设计确定学习发展项目,继而按照这一分析框架建立学习发展项目体系;二是以员工及其发展需求为出发点,设计学习发展项目,而后建立企业员工学习发展项目体系。这两种路径在方法形式上有所不同,但逻辑上是完全一致的,它们都是坚持需求导向,从客户和用户对于学习发展的需求出发,来匹配设计学习发展项目,并在此基础上构建项目体系。依照两种路径建立的学习发展项目体系在具体的学习发展主题和内容上会存在部分不同,比如按照 SBE 模型建立的学习发展项目对非管理人员的在职研修等学习活动可能关注不多,而依据 OSC 模型设计的学习发展项目体系中,对部门业务性问题的研讨学习也可能会较少涉及。因此,人才发展中心要将这两种路径叠加使用,从而使学习发展项目体系更加完备,更能满足集体的需求。

SBE 模型和 OSC 模型解决的是设计学习发展项目的问题,而项目确立后,如何在此基础上建立项目体系,是人才发展中心需要着重解决的问题。构建项目体系的思路其实与需求—项目分析模型所遵循的逻辑是一致的,即从需求出发，以满足需求为根本导向。每家企业各自的实际情况均不相同，人才发展中心在企业中的地位作用也千差百异，即使建立项目体系的思路一致，最终选择或建立起的项目体系结构也是各不相同的。企业的组织结构、管控模式、员工队伍规模和人才发展中心的能力资源、价值定位、作用机制等，都会直接影响和决定人才发展中心需要确立多少学习发展项目，具体承担实施其中哪些项目，这些项目应按什么样的结构组成体系。

根据人才发展中心在人才发展工作上的功能和职责，结合对大量实践的观察，人才发展中心建构的学习发展项目体系有三种典型结构：屋型结构、立方体结构和族群矩阵结构。

（一）屋型结构

屋型结构的项目体系常见于集团化企业，人才发展中心代表集团负责企业文化、价值观、领导力、通用知识与技能、新员工培训以及关键群体发展及晋升等方面的学习发展项目（见图6-3）。

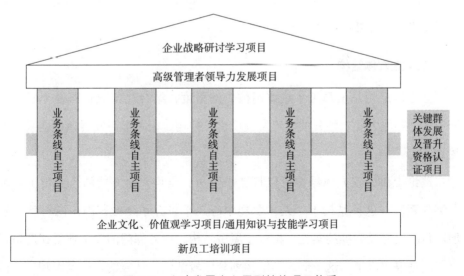

图6-3 人才发展中心屋型结构项目体系

屋型结构中,"地基"是针对全体员工的培训项目,包括新员工培训、企业文化价值观培训、跨职能的通用知识与技能培训等,这是最基础的学习发展项目。"立柱"是各业务条线(事业部、子公司、专业业务部门、职能管理条线等)自主开展的各类学习发展项目,这些项目的策划、实施责任在业务条线,人才发展中心代表企业的专业机构和学习发展主管部门,对项目的实施提供指导、督导和支撑服务,并根据需要参与项目实施,人才发展中心对这些项目在企业学习发展体系中的地位作用进行评价和调整。"圈梁"(或"过梁")是指人才发展中心作为企业人才发展的承载部门,要对全企业各类人才在职位发展或岗位晋升过程中提供任职资格培训等相关项目,这类项目由人才发展中心主导主办,并贯穿各个业务部门。"横梁"是对于企业高级管理者的领导力发展项目,聚焦的是中高层管理者的领导力培养和发展,同样是由人才发展中心主办,这是针对企业经营发展关键核心人才的学习发展项目,对于企业的经营发展具有重要意义。"屋顶"代表着高度,是指企业高层(决策层)在企业发展方向、发展战略方面开展的学习研讨和赋能提升活动,这是人才发展中心最核心的任务,也是最高级别的战略性项目。

(二)立方体结构

立方体结构是从员工(具体岗位)的角度,结合员工成长路径(职业发展规划)和能力要求划分的学习发展项目,并构建相关学习发展项目体系(见图6-4)。

理论上讲,立方体结构可以打造出全员、全程、全方位的企业员工学习发展体系。在这种结构下,人才发展中心几乎包办了企业范围内所有学习发展项目的设置及后续的实施。相较于屋型结构,业务部门的自主项目在这里就显得不是很突出了。这一形式的结构划分比较细致,适应的企业范围较广,但同时由于它所覆盖的内容多，对人才发展中心在工作量上提出了很高要求，因此，这种结构多见于中小型企业，或者人才发展中心岗位编制数量较大的大型企业。

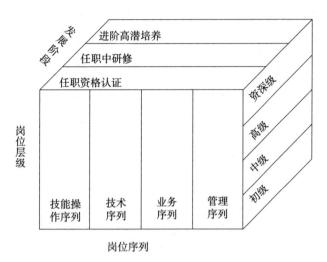

图 6-4　人才发展中心立方体结构项目体系

第一，按照岗位属性划分可以划分为：管理序列、业务序列（客服、营销、市场及其他职能等非管理岗位）、技术序列（生产技术、产品研发技术等）、技能操作序列（操作维护岗位等）。第二，每一个序列上的岗位都会有岗位层级（职级）的区分，比如分为初级、中级、高级和资深级。第三，每一层级（职级）岗位的履职一般会有三个阶段，即新任职、在职以及高潜（作为更高一级岗位的后备人员）。划分后所得到的一个个"模块"，代表着某一具体岗位（序列、职级）在某一阶段的学习内容，对应的就是学习发展项目，这些项目组成立方体结构，即员工学习发展项目体系。

（三）族群矩阵结构

族群矩阵结构可以看作是对立方体结构的一种分解，即分别对不同的族群，区分其岗位层级与发展阶段，进而设置不同的学习发展内容，生成项目，并在此二元矩阵的基础上，构建起学习发展项目体系。在制造型企业，主要有管理序列、技术序列和技能序列的学习发展项目矩阵体系。

管理序列学习发展项目矩阵体系（见图6-5），按照企业人力资源相关制度对管理者进行层级划分后，根据其在某一层级岗位上的三个阶段，即任职初期、中期和后期对应的状态设计学习发展项目。通常，任职初期的学习发展项目为任职资格培训，即员工取得这一层级的岗位时，需参加对应的培训学习（有的企业通过制度形式规定，将员工参加任职资格培训并顺利结业作为任职上岗的必要条件）；员工在任职中期的学习发展项目主要是开展在职研修，分享交流经验，解决实际问题，并进一步拓展视野、提升能力；在任职后期，通常会重点针对其中的高潜人员开展更高一级的岗位任职基础培训。

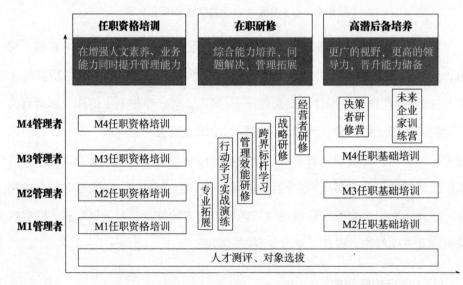

图6-5　管理序列学习发展项目矩阵体系（示例）

技术序列学习发展项目矩阵体系（见图6-6）的基本逻辑与管理序列的体系类似，不同的是每一层级技术岗位的学习发展活动分别是从基础职业能力、专业技术能力、应用实践能力来划分设计。

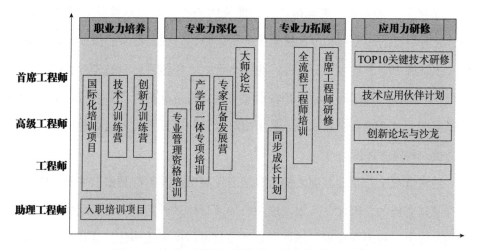

图6-6　技术序列学习发展项目矩阵体系（示例）

学习发展项目体系要根据企业和人才发展中心的具体实际，以学习发展需求为根本导向进行设计和构建。人才发展中心可在综合运用上述三种比较典型的结构的基础上，设计并构建符合企业要求、体现人才发展中心能力和价值的项目体系。

三、学习发展项目体系的构建基础

项目体系不是由一堆项目累积拼凑而成的。人才发展中心学习发展项目体系是以服务和促进企业内组织、员工的学习发展为根本目标的有机系统，既包括具体的学习发展项目，又具备有关项目生成的机制、项目构建的逻辑和体系基础。

(一) 生成机制

生成机制是人才发展中心根据需求启动项目的流程及标准，解决"为什么提出需求、如何提出需求""需求为什么成立、为什么要为需求设立项目""项目之间存在什么关系"等问题。人才发展中心在发起或承接学习发展项目之前，应对项目的必要性和可行性做出分析研判，并根据需求的重要、紧急程度和人才发展中心的能力资源条件，决定是否立项和项目启动的先后顺序以及项目投入的多少。判断衡量需求是否重要与紧急的标准是考查需求与企业战略的关联程度，对于符合企业战略、需求相对紧急的项目要优先启动并给予充足的精力投入和资源保障。

通常情况下，企业范围内的所有学习发展活动并不都是由人才发展中心来全程策划实施的。因此，人才发展中心的项目体系一定是在有所取舍、有所分工的基础上，对需要负责且能够负责的项目进行体系化构建。这些体系化的项目在实际工作中又有很多分类，比如分为菜单项目与定制化项目，或者分为重点项目与非重点项目等，还有按照人才发展中心在这些项目中所承担的角色职责与所发挥作用的程度，可以分为主办项目、主导项目和指导项目三类。主办项目是指人才发展中心具体设计并组织实施的项目，是最能体现人才发展中心价值的核心工作内容，例如针对管理人员的领导力发展项目、变革转型相关的培训项目、新员工培训培养项目、企业文化价值观养成培训项目等。对于主办项目，人才发展中心不仅要承办从需求到实施再到评价的全流程事务，还要负责相应的主管职能，承担领导力模型及课程开发、后备人才培训体系建设、员工任职资格能力培训体系建设等工作。主导项目是指人才发展中心与其他部门共同参与，由人才发展中心发挥引导方向、引领全局作用的项目，如内部兼职讲师培训项目、学习技术培训项目、经验萃取学习项目等。指导项目是指人才发展中心基本不参与项目流程，仅提供专业性指导和必要的资源、制度等方面的支撑服务，如业务部门的专业类学习活动等。之所以做出这样的区别和划分，为的是使人才发展中心实现精力聚焦、价值聚焦。

（二）构建逻辑

构建体系的逻辑是指将项目体系化的内在线索，解决的是"项目怎么组合成体系"等问题。学习发展本质上就是人才培养和组织赋能，这是人才发展中心最核心的职责。单个学习发展项目的生成逻辑主要是提出相关需求与为满足需求所提供的学习内容之间的关系，而学习发展项目体系的构建逻辑则是在企业战略、组织架构、业务发展、员工队伍等条件下，由岗位胜任力模型、员工职业发展规划、评价中心等综合决定和形成的。岗位胜任力模型、员工职业发展通道和评价中心是人才发展中心"有效运行的三大必备管理工具"，[一]在学习发展项目的设计与实施中发挥着路径指引、内容界定和评价验证的作用，是人才发展中心建立学习发展项目体系的重要逻辑基础，为规范和促进学习发展与人才培养提供了重要支撑条件。

岗位胜任力模型（或称能力模型）是企业以组织的战略、文化为统领，在分析绩效优异者与绩效一般者在动机、特质、技能和能力等方面差别的基础上，提出的对关键人才的要求。岗位胜任力模型体现了企业发展战略和企业文化的要求，也包括业务部门从业务发展实际的角度对岗位员工提出的能力要求，是发现高潜绩优人才的重要工具，对人才鉴别与培养具有重要的基础性作用。员工职业发展通道是指企业对员工的能力进阶和职业发展的路径做出规划，以此促进员工成长和企业人才开发，具体来讲，就是基于人才能级与价值环节，明确关键岗位的人才链，设计多元有序的成长路径，并制定高潜后备人才管理规则流程，进而驱动员工、岗位和组织三者有效匹配。评价中心是一种

[一] 李林、王红新、周怿著，《企业大学密码》，上海交通大学出版社 2015 年版，第 172 页。

包含多种测评方法和技术的综合测评系统,是通过对人的知识、能力、个性、动机进行测量进而识别人才胜任特征的科学程序和方法,一般而言,它总是针对特定的岗位要求及企业组织特性来设计、实施相应的测评方法与技术。

　　岗位胜任力模型、员工职业发展通道及评价中心在构建学习发展项目体系和实施项目过程中发挥着重要的基础作用。岗位胜任力模型引导员工按照绩优的工作标准和能力要求改善心智态度、提升知识素养,是设计学习发展项目内容的最基本的依据。员工职业发展通道是企业为员工职业发展规划的成长路径,学习发展项目旨在助推员工职业成长,因此,员工职业发展通道就成为贯穿每个学习发展项目并将不同项目有序串联起来的主线,是建立学习发展项目体系的基本逻辑。评价中心既是一种学习发展的具体形式,经常作为一种工具应用在学习发展项目中,又是胜任力模型的结构和应用。在应用评价中心时,对于被评价者而言,人才测评本身也是一个很好的学习发展过程。

(三) 体系基础

　　人才发展中心最主要的功能和职责在于人才开发,学习发展项目是人才发展中心项目体系的主体。在所有业务中,学习发展项目的比重远远超出其他工作。但是,不能因此而忽视了学习发展项目之外的非学习发展类的项目服务——虽然这些工作和项目并没有被称为"学习发展项目",但都属于企业人才发展的范畴,是对学习发展项目的有力支撑和有益补充。在人才发展中心的功能和职责内,几乎很难找到与学习发展这个主题无关的事情,如知识管理、资源整合、变革引领、管理研究、供应链上的培训服务等,这些并非直接意义上的"培训""学习"或"赋能"的工作和事务,但都从不同的角度、在不同的程度上与企业的"学习发展"主题相关联,是人才发展中心学习发展项目体系建立和运行所不可缺少的条件与基础。

第二节 人才发展中心课程体系的规划

规划和建设课程体系是创建人才发展中心不可或缺的关键环节。建立响应企业战略要求、满足人才发展需要、支撑项目体系正常运行的课程体系，不仅为人才发展中心建设学习资源、开展员工学习发展活动提供了系统的规划和指引，而且有力支撑了人才发展中心履行员工培训与人才发展这一基础性、根本性的职能。

一、规划建设课程体系的基本逻辑

人才发展中心须从企业战略出发，将企业战略规划转化为人才发展战略规划，实现人才开发与企业发展的有效匹配。为实现人才开发助推企业战略实施的目标，人才发展中心通常采取的是"企业战略—组织能力—员工能力—学习发展活动"的路径，即根据企业战略的发展要求确定对组织能力的要求（包括设计组织结构），而后根据组织能力的要求对各岗位员工的能力素养做出明确的规定，进而按照企业与员工共同发展的理念，结合员工职业发展规划，设计和实施能力提升计划，开展各项学习发展活动。

人才发展中心成立后，需要将"企业战略—组织能力—员工能力—学习发展活动"的路径流程化、制度化，形成稳定的、可执行的日常运营机制。人才发展中心要分析学习发展活动的需求来源和生成机制，在汇总梳理各项学习发展活动的基础上，根据岗位胜任力模型、员工职业发展规划，按照不同专业族群、岗位、层级，建立起覆盖全体员工的学习发展项目体系，并由此规划建设人才发展中心的课程体系。

体系是按照一定逻辑形成的结构。课程体系来源于人才发展中心项目体系，其建设方向、逻辑与内容主要由项目体系规定，同时，课程体系是对项目体系的关键支撑,没有课程体系,项目体系难以真正建立、有效运行。在项目体系中,每个具体的员工学习与发展项目一般都会配置若干学习课程,这些课程之间自有其组合的逻辑,比如应该包括哪些内容的课程,不同内容的课程之间如何衔接,以及这些课程在项目实施时如何排布、如何协同,如何促进和保障实现最佳的学习效果等。同时,在项目体系中,各个项目又是按照一定的逻辑组建起来、构成体系的。

"项目体系决定课程体系"可以分为三个层次或方面进行观察和分析。首先,在单个学习发展项目中,为实现该项目目标,各课程将按照一定的逻辑构成一个小的体系。其次,各个项目按照一定的逻辑、规则并以一定的结构和顺序有机组成人才发展中心项目体系,也就是说,各单个项目所含课程在自成体系的基础上,将按照人才发展中心项目体系的逻辑,组成一个大的课程体系。最后,在这个大的课程体系中,各课程最终将按照什么样的逻辑构建,在很大程度上取决于项目体系的构建逻辑。这也就是说,课程体系的构建逻辑在很大程度上是由项目体系的构建逻辑决定的。之所以说是"在很大程度上"而不是"完全"由项目体系的构建逻辑所决定,一方面是因为不同的学习发展项目可能会存在相同的课程(即通用、共有的课程),而课程体系是指对课程的系统化构建,课程体系中理论上应避免课程重复存在的情况;另一方面,课程体系的构建既需要遵循人才发展中心项目体系的内在逻辑,又应该基于课程的内容、属性对项目体系所包含的所有课程进行系统性的梳理和构建。

课程体系的构建逻辑由项目体系的构建逻辑所决定,这体现在三个方面。第一,课程体系的构建逻辑、条件和基础与项目体系基本是一致的。人才发展中心学习发展项目是为满足企业战略、部门业务、员工发展等所提出的能力要求(或需求)而提供的能力发展、学习服务的活动,最终都体现为学习者(即员工）的能力提升，都是以员工为中心，其构建逻辑是由岗位胜任力模型、员工职业发展规划、评价中心综合决定形成的。课程体系的构建逻辑从根本上与项目体系是一致的，即岗位族群划分、岗位能力分析、员工职业发展规划以及鉴别能力的评价中心。第二，先有培训项目再有培训课程，企业培训课程是因企业培训项目的需求而产生，课程体系最直观、最直接的作用在于为项目体系服务，充实项目体系内涵。第三，课程最终面向的是学习者，为学习者提供学习内容，满足学习者的学习需要，因此与项目体系相一致，员工同样是课程体系建设的最重要的主体。

二、规划建设课程体系的基本步骤

规划建设课程体系的过程主要有四个步骤，如图6-7所示。

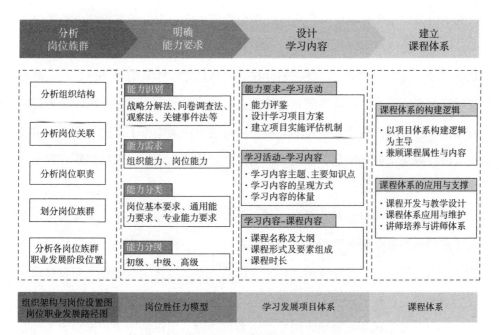

图6-7 规划建设课程体系的四个步骤

（一）分析岗位族群

岗位承载着企业战略和业务发展的要求，同时又是员工施展工作能力和创造工作价值的载体。人才发展中心规划建设以企业战略和业务为导向、最后落脚于员工的课程体系，岗位是一个重要而直接的着力点。

一是对企业所有的岗位进行系统梳理和分析，理解这些岗位的设置原因、目的和工作内容、要求，对企业的组织结构、岗位说明书等有全面、准确、清晰的认识和理解。对岗位的工作内容、性质等进行分析，其实就是对岗位所承载的企业战略与业务发展所提出的能力要求进行分析，这对于几乎所有的人力资源管理活动来说都具有基础性的意义。

二是在岗位分析的基础上，对工作职责相近的岗位进行合并，划分岗位族群。所谓岗位族群（或称职位族群），是指由相同工作性质和相似任职能力要求的不同岗位（或称职位）所构成的虚拟性的集合。岗位族群的划分可先分大类，再结合岗位设置现状和未来发展的需要，从知识、技能等方面进一步对专业族群进行分类。对岗位族群的划分将有效降低课程体系的复杂度，大大减少课程资源库的冗余。岗位族群划分确定后，人才发展中心可据此统计分析得出各岗位族群的岗位数及其相应的编制，同时还可根据岗位工作的复杂性、重要程度以及各岗位族群的员工数量等因素研究确定企业培训（包括课程开发和培训项目）投入的分布。

三是以专业族群为基本单元，结合各专业族群岗位的现状、发展需要以及人才成长规律，分析各岗位族群的职业发展路径。岗位分析和工作分析所得出的结论主要是基于企业视角的，代表组织的立场，但员工与企业共同发展已经成为普遍的企业发展理念，员工的学习与发展不再仅仅被视为企业对于员工的意志，企业战略和业务发展对组织能力与岗位能力提出的要求，而应当考虑员工的利益诉求，注重多从员工的视角来分析和决策。在划分岗位族群时结合职业发展路径，便是对企业战略、业务和员工发展需求的综合统筹，如此也能够更加科学合理地规划建设人才发展中心的项目体系和课程体系。

（二）明确能力要求

这一步骤的主要内容是针对岗位进行能力分析和能力建模，即对不同岗位族群（或子族群）职业发展路径中各阶段的核心能力要求进行分析，建立岗位胜任力模型（能力模型），确定各岗位的核心知识和技能要求。胜任力模型是对企业战略进行分解得出的针对具体岗位的能力要求，是课程体系构建的重要基础，基于胜任力模型的课程体系将确保企业员工的学习与发展能够始终紧紧围绕企业战略和业务发展。优秀的岗位胜任力模型具有可衡量、可观察、全面、独立、描述清晰等特点。

岗位能力分析和建模的工作内容主要包括四个部分。

一是能力分析与识别。岗位族群划分确定后，人才发展中心需要对各岗位族群应具备的能力进行分析和识别，并完成对企业现有岗位族群能力要求的完整描述，同时还应对岗位族群能力现状和目标能力之间的差距进行分析。能力的分析与识别是能力建模过程中的关键步骤，也是最具技术含量的环节，目前常用的方法有战略分解法、问卷调查法、观察法、关键事件法等。

二是能力需求溯源。在分析识别能力的同时，人才发展中心应了解这些能力要求是因何而起、从何而来的，它们与企业战略和业务发展有何关系等。对能力需求来源的理解有助于保证企业战略对于能力模型构建的关键影响和直接作用，有助于增强能力分析和识别的准确性。

三是能力分类。依据各专业族群职业发展路径，结合岗位工作实际，明确岗位基本要求、通用能力要求和专业能力要求，有时还强调知识技能、态度素质等。

四是能力分级。根据职业发展规划，同一族群不同职级的岗位，其能力要求自然是不同的。同一族群同一职级岗位上员工的能力状态也存在差别，其学习的需求也各有差异。因此，在设计学习内容时，应结合企业和员工队伍实际，对能力要求做出级别区分，以体现岗位族群职业发展各阶段在能力要求上的差异。

（三）设计学习内容

学习内容设计阶段是实现由"能力要求"到"课程内容"的过程，这个过程包括三个环节。

一是从"能力要求"到"学习活动"。制订能力提升计划或设计学习发展活动需要考虑三个基本要素：能力要求、能力现状和学习资源。要根据组织和岗位的能力要求，对组织和员工能力现状进行测评，再结合员工职业发展路径各阶段所需具备的核心知识和关键技能，综合运用（或建设）各类学习资源，按照必要、有效、可行和循序渐进的原则设计学习发展活动，包括针对一定对象的一定发展需求制定学习发展项目方案，同时，为保障、检验和提高项目实施成效，还应建立相应的项目实施评估机制。

二是由"学习活动"到"学习内容"。在学习活动（或学习项目）方案所确定的学习目标、学习方向、学习任务的指引下，需要用具体的学习内容对活动进行充实，比如要进一步明确学习的主题、学习的方式、学习的主要知识点以及学习内容的呈现方式、学习内容的体量等。

三是由"学习内容"到"课程内容"。学习内容并不完全等同于课程内容，课程内容是对其中适合于知识学习（即"应知"）部分的回应。人才发展中心应根据学习内容确定课程名称，并对课程进行编码，这些都是建立课程体系的基础动作。此外，还应确定课程大纲以及课程形式和课程组成要素，并确定课程时长等基本信息。确定了这些基本信息，就等于为包括课程开发在内的课程资源建设制定了清晰的任务书。

（四）建立课程体系

课程体系的构建逻辑是以项目体系构建逻辑为主导的，是在员工职业发展规划、岗位胜任力模型、评价中心以及族群划分的基础上构建起来的，同时兼顾课程的内容和属性。具体来说，就是人才发展中心根据项目体系（屋型结构、立方体结构、族群矩阵结构）搭建课程体系框架，在此基础上根据课程内容（及内容层次）进行梳理分类，进而建立课程体系。课程体系对于人才发展中心而言无疑是十分重要的，它是项目体系发挥作用的基础，又能够为员工发展提供清晰明确的学习内容与学习资源的引导。不仅可以为企业开展更有针对性的学习活动提供思路和资源，而且也有利于企业学习资源的管理和共享。

课程体系建立后，一是要按其规划采取合适的策略建设以课程资源为主体的学习资源，包括以多种方式组织课程开发和员工创造内容活动。二是要在员工发展和学习资源共享等日常活动中应用课程体系，并根据任务要求的变化对课程体系及时维护，对其内容进行迭代更新。三是要注重课程讲师的培养与讲师体系的建设，这也是发挥课程体系效能的一个重要方式。

三、课程体系与学习地图

课程体系不是无序堆积课程资料的"课程库"，也不是简单罗列课程资源的"课程清单"。对课程体系的认识不应限于"企业为满足培训需求而提供的一系列课程资源，包括课程框架、课程内容和课程形式等"这样的层面。课程体系应具有系统性、协同性、针对性和灵敏性，以改善企业培训课程和培训体系原来可能存在的"缺、散、粗、慢"等问题。

第一，系统性的课程体系能适应和覆盖各级员工胜任力提升和发展需求，有效解决培训缺乏体系化的问题。第二，课程体系使培训工作的协同性得到强化，能改善培训内容松散、培训课程目标不清晰、课程内容与员工胜任力连接不紧密以及培训与人力资源其他模块缺乏联系等问题。第三，培训体系的针对性有助于从学习目标和学习效果的角度优化培训方式的设计，针对性弱的培训课程将因此减少。第四，只有课程体系在响应学习需求上及时、灵敏，才能更好地满足业务发展和员工发展的实际要求。

在规划建设课程体系时，"学习地图"是一个高频词，同样，在绘制学习地图时，课程体系与学习地图的关系也一再被讨论。

学习地图不是课程表，也不是课程体系。关于学习地图，有一种定义认为，它是以能力发展路径和职业规划为主轴设计的一系列晋级学习活动包，是企业基于岗位能力而设计的帮助员工快速胜任的学习路径图，同时也是为每一个员工提供的实现其职业发展的学习规划蓝图。构建学习地图的过程是搭建以"职业发展路径"为主线，以"能力要求"为依据，以"核心学习课程和关键实践活动"为主要内容的职业能力发展指引体系⊖的过程。学习地图根据员工职业成长规划，描绘每一位员工在企业中的"学习路径"，明确其在不同阶段的"学习内容"以及相应的"学习方式"和"评估方式"。

确实，课程体系与学习地图两者之间有许多的相似乃至相同之处，也存在一些明显的差异。两者之间的异同与关系如表 6-1 所示。

⊖ "职业能力发展指引体系"具体体现形式为"两图一册"，即描述各类人员职业发展通道的职业发展路径图，包括了能力模型、课程一览表、课程信息表等内容的学习地图，以及包括职业发展路径图、学习地图、学习管理系统操作指导、配套激励机制等的员工学习发展手册。

表 6-1　课程体系与学习地图之间的异同与关系

比较项		课程体系	学习地图
相同点	构建基础	员工职业发展规划、胜任力模型、评价中心	
	对象主体	以员工为最终的对象主体，以员工发展需求为根本出发点	
	功效用途	为组织和员工获取学习资源提供了指引，是企业培训体系的重要基础性内容	
不同点	关注重点	课程，是对课程的体系化构建	学习，是对学习的系统规划
	具体内容	以课程资源为主要内容，包括课程框架、课程内容、课程形式和课程安排等	包括了学习内容（课程）、学习方式和评估方式等
	课程属性	主要是企业拥有和掌握的课程资源	一般泛指员工在某一岗位、某一阶段所需的所有学习内容（课程），包括员工自学内容
	表现形式	对员工学习内容的描述相对笼统	对员工学习内容的描述相对详细、完整
两者关系		课程体系和学习地图的建设没有严格意义上的先后之分；两者为彼此的建设相互提供支撑	

在以员工职业发展规划路径为设计主线的学习地图之外，还有一个以员工岗位目标任务和绩效改善为构建逻辑的"学习路径图"。学习路径图是指员工从培训结束（完成正式的培训课程）到胜任工作这期间所经历的一系列的有次序的活动、事件以及体验，它被视为一种通过缩短员工达到胜任标准的时间来提高企业利润的方法工具。[1] 从某种角度来理解，学习地图更多是根据岗位能力来规划的，而学习路径图则是根据岗位任务规划的；学习地图是结构性地刻画出学习框架及其内容，而学习路径图则是为最大化缩短员工达到岗位胜任标准的时间而对路径的优化和精益化设计。学习路径图因更加关注业务对于人才

---

[1]【美】吉姆·威廉姆斯，【美】史蒂夫·罗森伯姆，朱春雷等著，朱春雷译，《学习路径图》，南京大学出版社 2010 年版，第 10 页。

发展的现实需求而获得普遍的关注和实践。

　　课程体系的确立与师资（特别是企业内训师）体系的建设紧密相关，一般表现为有什么样的项目便需要什么样的课程，进而需要什么样的师资来承担教学（讲授、引导、教练等）任务。对于企业人才发展中心而言，师资既是产品，也是资源，师资体系对其无疑是十分重要的。按照人才发展中心"4-12"创建模型，有关师资体系的规划与建设应在"固本"阶段进行论述，但由于师资体系的搭建逻辑与项目体系、课程体系几近一致，因此在这里不做专门的论述。

| 第七章 |

建章
企业人才发展中心的流程与制度

第一节 人才发展中心管理模式的确立

人才发展中心的运行管控模式在很大程度上是由企业来决定，或者说是基于企业的实际而决定的，其内容主要包括人才发展中心是如何做出决策的，又是如何执行决策的，以及在明确职责范围和专业分工的基础上，其日常工作和业务是如何协同的，具体表现为一系列的流程与机制。运行管控模式将直接影响人才发展中心的功能发挥和价值创造。

一、人才发展中心的决策机构和执行主体

人才发展中心在建设、发展、改革中的一些重大或重要事项，比如建设总体目标、中长期发展规划及其落实计划，年度工作计划和考核方案，重要管理制度，机构设置、人员配置及其调整等，经费使用计划、专兼职师资队伍建设、课程体系建设、项目体系建设以及重点项目实施方案，实体培训场地设施和在线平台建设，等等，均需要具体的决策机构和决策者通过一定的方式来进

行决策。通常而言，这些重大或重要事项的决策方式主要有三种类型：专门机构决策、企业经营会议决策、企业负责人与人才发展中心分工决策。

一是企业要为人才发展中心设立专门的决策机构，如将校董会或校务委员会作为最高决策机构，对人才发展中心的重大事项进行决策。专门的人才发展中心决策机构（校董会或校务委员会等）通常是由企业主要负责人、企业人才发展分管领导和企业所属各产业单元（子公司或事业部等）的主要负责人以及人才发展中心日常事务负责人组成，校董会主席或校务委员会主任一般是由企业主要负责人担任。在企业层面为人才发展中心设立专门的决策机构，一般是产业多元化、辖属机构多且所辖机构自主性较强的大型集团企业所采取的决策方式。在大型的集团企业，作为总部机构和平台的人才发展中心可以通过这种决策方式建立和强化企业战略导向，并有利于其发挥专业价值，建立在企业内的影响力，也有利于其统一部署推进人才发展和统筹整合各类学习资源。

二是企业将人才发展中心的相关决策事项直接纳入企业经营决策范畴，由企业经营决策机构如经营管理委员会或总经理办公会等进行决策。这种情形大多适用于实行集中统一管控治理模式的企业，人才发展中心的主要管理者可能是作为会议成员参与决策，也可能只是作为事项汇报者列席会议和报告需决策的事项。这种决策方式有益于企业将人才发展中心纳入企业整体经营发展中谋划发展，有利于人才发展中心融入企业业务经营。

三是人才发展中心自主决策后通过内部报告的方式提交企业分管领导和主要领导审批决策。这种方式一般适合于规模不大且业务经营相对单一和集中的企业。通过这种方式，人才发展中心与企业负责人的互动将更加频繁、直接，关联紧密，人才发展中心的决策流程更为简短，决策相对高效。

对于任何一个人才发展中心而言，以上三种决策方式并不是单项选择，可多种选择并行。

人才发展中心的决策执行是由其运营管理团队负责的。人才发展中心要根据所承担的职责、任务，确定人员编制，招募配置员工，组建运营管理团队。人才发展中心的运营管理团队是决策执行的责任主体，其中，最关键的是人才发展中心运营团队负责人，即具体负责人才发展中心日常事务的管理者，一般称之为校长（主任）、常务副校长（常务副主任）或执行校长（执行主任）。

负责人才发展中心日常事务的管理者任职角色通常有以下三种情况：一是企业高层（企业主要负责人或人才发展工作分管领导）兼任校长，且人才发展中心的日常事务管理是其基本工作职责；二是企业高层（企业主要负责人或分管领导）兼任校长，但其并不负责人才发展中心的日常事务，而是另设常务副校长或执行校长等职位具体负责人才发展中心的日常事务管理；三是企业高层未兼任校长，由资深管理人员专职担任校长。

绝大部分特别是表现优秀的人才发展中心，不论是来自国有企业、民营企业或者外资企业，在对人才发展中心的安排上普遍表现出两个相同的基本特征，一是企业主要负责人参与人才发展中心的决策机构并担任决策机构的"一号首长"，这通常意味着企业的主要负责人将亲自担任人才发展中心的最高职务，由此确保人才发展中心的战略性地位；二是具体负责日常事务的管理者是人才发展中心决策机构的组成成员，参与人才发展中心决策，由此保障人才发展中心决策与执行的紧密关联。

在明确了决策与执行主体后，人才发展中心要分别建立决策、执行的流程机制，比如，决策机构的审议流程，决议的督办与落实机制，执行机构的办公例会制度等，以确保决策和执行的高质量。

二、人才发展中心的四种业务管控模式

人才发展中心建立的运行机制不仅是其内部运行机制，更是指人才发展中心统筹管理企业内各类培训需求、培训项目、培训资源并协调推进全部工作的机制流程。人才发展中心运行机制的核心内容是其对培训业务的管控模式。

人才发展中心的业务管控模式是由企业赋予人才发展中心的功能、职责要求，以及据此建立的项目体系等因素综合决定的，它与企业的管理模式、管理机制和业务情况紧密相关。创建人才发展中心的企业大多是已具有一定规模的业务和员工队伍，而经营规模大、产业多元化、法人机构多的集团企业，应根据业务组合和业务战略，明确总部定位，选择适用的集团管控模式。

BCG（波士顿咨询集团）总结国际领先经验，指出集团型企业需要根据自身的业务组合和业务战略明确总部定位，选择相应的集团管控模式。集团型企业的总部管控定位，按其对所属机构的管理幅度、力度和深度划分，有六类模式：被动持股型、财务投资型、战略指引型、职能引领型、协同价值型和全面管理型，这六种模式依次表明集团总部对其所属子公司的业务管控强度逐渐增高。[⊖] 采用战略指引型、职能引领型、协同价值型和全面管理型的企业通常需要主导建立自己的人才发展中心。

人才发展中心是集团总部的组成机构，其业务管控的幅度、力度、深度一般与集团总部管控的模式相一致。根据企业总部管控模式，可以将人才发展中心相应地分为战略指引型人才发展中心、职能引领型人才发展中心、协同价值型人才发展中心和全面管理型人才发展中心（见图 7-1）。

⊖ BCG：《中国保险业在集团化、数字化、国际化趋势下的组织与人才变革之道》，2017年8月。

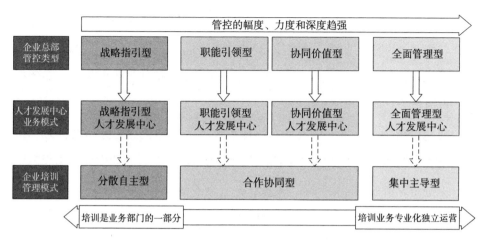

图 7-1 人才发展中心业务管控模式

战略指引型人才发展中心主要具有两大功能，一是提供与企业战略相关的培训服务，聚焦企业战略的实施和落地，负责企业战略的宣传、培训和实践经验总结等；二是负责制定企业层面的统一的培训制度和政策，对企业内的培训学习活动提供战略性的指引，保证各子公司和业务部门的学习与发展工作不偏离企业的战略方向，不违反企业的相关制度规定。此类人才发展中心适用于战略指引型的集团企业，即集团总部对所属机构、组织管控弱的企业。初创期的人才发展中心可考虑采用这一模式。

职能引领型人才发展中心所承担的职责和具体事务在战略引领型的基础上有了很大拓展。职能引领型的集团企业，其总部建设目标是企业的能力中心，在财务资源支持、战略制定和执行督导以及关键职能支持（如人才管理等）三个领域发挥主导作用。职能引领型人才发展中心不仅要负责宣贯企业战略、推动战略实施，制定企业层面的培训政策、制度、流程和标准，还要承担培训事务专家、人才发展专家的职能，根据企业实际需求，建立企业培训体系，明确体系中各子公司和业务部门的角色定位，规范培训工作实施，提供相关通用性的培训内容，建设和共享企业学习资源，并且为企业人才特别是关键人才的培训与培养提供重要支撑、承担重要职责，助力企业总部成为企业的"能力中心"。职能引领型人才发展中心比较常见，既适用于总部管控力较强的集团企业，也适用于其他非集团化企业。

协同价值型人才发展中心能在职能引领型的基础上更充分地发挥总部机构的资源协调能力和专业部门的业务协同能力，统筹整合企业内外各类学习资源，促进学习资源的高效利用，由此，建立企业学习生态和共享平台就成为对协同价值型人才发展中心的一项要求。同时，人才发展中心要成为业务伙伴，要能够贴近子公司和业务部门的需求，为解决业务问题提供专业服务，成为业务部门推动业务发展的伙伴。协同价值型人才发展中心已经成为众多人才发展中心的建设方向。

全面管理型人才发展中心指的是企业几乎全部的培训活动均由人才发展中心负责，人才发展中心统一管理企业及所属各子公司和业务部门的培训规划与实施，负责企业各类学习资源的建设和管理。在全面管理型人才发展中心模式下，企业各部门和所属子公司几乎所有的培训需求均由人才发展中心负责解决和落实。通常而言，规模较小、组织结构比较简单的企业可以采取全面管理型模式建设人才发展中心，这种模式并不十分适用规模大、组织层次多、所属机构自主性强的集团化企业。

按照人才发展中心对于企业培训活动管理的幅度、力度和深度由宽至窄、由强至弱、由深至浅，企业的培训业务管理可分为三种主要类型。一是集中主导型，即全面管理型人才发展中心模式，由人才发展中心全面负责企业的培训业务，人才发展中心作为专业化、独立性的机构为企业提供学习产品与服务。二是合作协同型，人才发展中心提供部分内容统一的培训服务，负责统筹协调企业层面的通用培训，并提供相应的平台和资源共享服务；各子公司和业务部门自主开展多样化专业能力和业务培训。三是分散自主型，是指各子公司、各部门各自管理培训规划和培训实施，自主开展培训活动，人才发展中心承担较少数量的培训项目（如战略、文化宣传等），更多是提供平台和资源的建设与共享服务。集中主导型人才发展中心业务模式反映的是企业对培训体系的集中管控，一般表明培训实现了高度专业化和相对独立性的运营。分散自主型人才发展中心业务模式则反映的是企业对培训体系的分散管理，它表明培训成为业务部门的一个有机组成部分，在组织、流程和功能上已从属于业务部门。

企业培训业务是采用集中控制还是分散管理，应基于企业的实际，从管理效果与效率的角度综合权衡后做出选择。当前，人才发展中心多为职能引领型，而协同价值型人才发展中心是众多人才发展中心的建设方向和目标。

三、人才发展中心的业务如何协同

人才发展中心发挥功能、履行职责，必然要与其他职能或业务部门发生工作联系，如何设置相应的工作流程和机制，以高效地处理这种工作上的关联，体现出有效的协同性，是人才发展中心在建立运行管控模式过程中需要考虑的主要内容。

以其关键职能——人才发展为例，人才发展中心作为企业内部供应商，服务代表企业提出人才发展要求的人力资源部门，应根据企业人力资源部门所承担的人才发展管理职责来确定自身在人才发展功能上的主要业务范围，明确职责，并由此建立与人力资源部门的业务关联。分析人才发展中心的业务协同需要基于一定的组织场景，我们以设有子公司的集团化企业的人才发展中心作为集团总部机构独立于人力资源部门的情形为例，来分析人才发展中心与其他部门（和机构）的业务关联（表 7-1、表 7-2）。

表 7-1 集团化企业人力资源管理职责分工（示例）

管理对象	管理/服务主体职责			
	集团决策层	集团人力资源部	一级子公司决策层	一级子公司人力资源部
集团领导成员	—/决策	—/代行日常管理职责	—	—
一级子公司领导成员	决策	代行日常管理职责	联络部分日常管理业务	—
集团总部部门正职	决策	代行日常管理职责	—	—
集团总部部门副职	决策	承担日常管理职责报集团决策	—	—
一级子公司总部部门正职及其分公司正职	—	备案 政策指导 制度规范	决策 报集团备案	代行日常管理职责
一级子公司总部部门副职	—	政策指导 制度规范	决策	代行日常管理职责
二级子公司（或分公司）副职	—	政策指导 制度规范	决策	承担日常管理职责
集团总部其他员工	—	负责标准制定，与员工所属部门研究决策，承担日常管理职责	—	—

注："决策"是指对干部的选拔、培养、任命、考核、奖惩等全程各关键环节事项的决策。

人力资源管理职责分工为人才发展中心履行人才发展职能提供了直观的指引，有助于人才发展中心明确业务内容和服务对象。当然，人才发展中心应该是面向企业全体员工的，对于大型集团企业，从实际、可行的角度来看，人才发展中心在聚焦关键人群的同时，可以通过提供在线学习平台和学习活动的方式覆盖、服务企业全体员工。

表 7-2 集团化企业培训对象分布（示例）

培训活动的组织/提供者	培训（服务）对象	
	面授培训	在线学习
人才发展中心	1. 企业总部全体员工 2. 企业新员工 3. 企业内部兼职讲师 4. 企业培训管理员 5. 子公司部门、分公司班子成员及以上管理者	企业全体员工
一级子公司/二级子公司（或分公司）人力资源部门	子公司/分公司辖内全体员工[一级子公司部门、二级子公司（或分公司）班子成员及以上管理者除外]	子公司/分公司辖内全体员工

对业务范围做出界定之后，在合理的专业化分工的同时，人才发展中心还需要在不同角色之间实现业务协同。人才发展中心与各职能、业务部门和子公司在培训事务上的分工与协作如表7-3所示。

表 7-3 集团化企业培训事务职责分工（示例）

管理对象		管理主体的主要职责	
类别	明细	人才发展中心	企业各部门和子公司人力资源部门
人	员工学习管理	1. 培训期间的学员管理 2. 学员成绩反馈 3. 监督和落实学员参训成效应用 4. 制定和督促落实员工学习基础性约束指标 5. 建立员工参与学习评价的机制并予以及时、充分的激励	1. 按培训要求选送学员参加培训 2. 组织学员报名参加人才发展中心主办的学习活动 3. 组织落实员工学习约束性指标，记录、评价员工参与学习情况 4. 协助培训期间的学员管理工作 5. 按照制度要求做好培训成效应用

（续）

管理对象		管理主体的主要职责	
类别	明细	人才发展中心	企业各部门和子公司人力资源部门
人	内部讲师	1. 选聘、培训、统筹使用、评价考核、评级认证、级别调整以及激励内部讲师 2. 建立和运营内训师研修会等专业社群 3. 建立和维护讲师资源库，提供讲师共享服务 4. 建立和落实内部讲师职业发展激励机制和内部讲师周边激励机制	1. 推荐讲师人选 2. 落实企业内训师培养相关政策，营造讲师队伍建设良好氛围 3. 评价培训活动中使用的讲师并通过系统上传报送
	外部讲师	1. 建立外部资源开发、选用、评价、考核机制 2. 建立、维护外部讲师和培训供应商资源库，提供外部资源共享服务	1. 推荐外部讲师资源 2. 评价培训活动中使用的外部讲师并将评价结果报人才发展中心 3. 按规定向人才发展中心报备使用过的非在库外部师资
财	培训预算	1. 统一、明确培训费用使用标准，并监督、审批、落实标准执行 2. 制定企业年度培训预算 3. 指导企业总部各部门制定培训预算，并监督和考核预算执行情况 4. 指导企业所属子/分公司制定培训预算	1. 严格执行培训费用使用标准 2. 制定和落实本单位年度培训预算
	培训奖励	1. 组织系统内员工培训学习发展优秀实践、个人、团队的评选 2. 对学习成效突出、学习生态贡献突出的个人和团队进行奖励	配合做好员工培训学习发展优秀实践、个人、团队的评选工作

（续）

管理对象		管理主体的主要职责	
类别	明细	人才发展中心	企业各部门和子公司人力资源部门
物	培训场地	1.管理企业培训场地设施 2.统筹协调共享企业内部培训场地设施 3.规划和推进企业培训基地建设	管理和共享所辖范围内的培训场地设施
	管理系统	1.建设和运营人才发展中心学习管理系统 2.持续优化系统，确保系统使用高效、安全、便捷、友好	1.规范使用人才发展中心学习管理系统 2.提出系统优化意见和建议
知	课程体系	1.建设企业员工学习地图 2.构建和优化企业员工培训课程体系 3.支持指导子/分公司建立员工学习地图	1.建立辖内员工学习地图 2.构建辖内员工培训课程体系
	课程资源	1.组织课程开发 2.收集、整理系统内课程资源 3.采购外部课程 4.管理、更新、整合课程资源，提供课程资源共享服务	1.按需申请使用课程资源 2.按需新增课程资源（自主开发、合作开发或外部采购等），并在规定时间内按一定格式要求提交人才发展中心学习管理系统
	实践经验	1.收集、整理系统内优秀实践，总结经验，组织编写为教学案例 2.对采用的优秀素材提供者予以奖励	1.报送辖内优秀实践素材 2.共享、应用优秀实践经验
	教学成果	1.收集培训学习活动中学员学习成果 2.整理、汇编、输出教学成果 3.评选优秀成果并予以奖励	共享、应用正式输出的教学成果
	方法技术	1.应用和推广新的学习技术、工具与方法 2.研究、总结具有企业特色的学习经验	1.学习、应用和分享新的学习技术、工具与方法 2.创新具有企业特色的学习经验

（续）

管理对象		管理主体的主要职责	
类别	明细	人才发展中心	企业各部门和子公司人力资源部门
事	培训计划	1. 调研分析培训需求，编制印发企业年度培训计划 2. 落实企业年度培训计划 3. 指导、监督各子/分公司编制执行培训计划	1. 配合编制企业年度培训计划 2. 编制和执行辖内年度培训计划
事	培训项目	1. 按计划组织实施企业年度培训计划项目 2. 做好培训项目管理 3. 组织开展培训后评估	1. 参与企业年度培训项目 2. 自主组织实施辖内项目 3. 配合开展培训后评估
章程	培训体系	规划、制定、运营、完善培训体系	提出体系优化建议和意见
章程	制度流程	1. 制定、优化课程开发管理办法、讲师管理办法、培训计划管理办法、培训项目实施管理办法、员工学习管理办法、培训预算管理办法等培训管理制度，规定培训业务基本流程、明确职责分工、交付标准等 2. 监督考核制度执行情况	1. 执行各项培训管理制度 2. 提出制度优化建议和意见

根据以上场景的分析，人才发展中心与人力资源部门等企业各部门和子公司在培训事务的管理流程如图 7-2 所示。

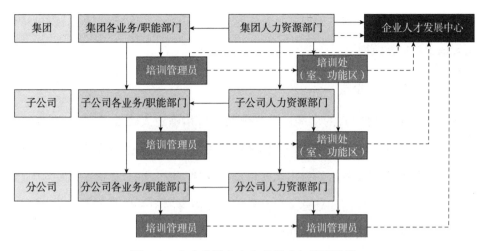

图 7-2　人才发展中心业务需求与管理流程

注：图中，实线箭头表示业务管理流程，虚线箭头表示需求表达流程。

第二节　人才发展中心内部组织结构的设计

组织结构是规定一个组织的边界及其运营的框架，它所反映的是团队如何竞争并获得资源、信息如何在组织中传递、决策如何在组织内形成，具体表现为组织内部的机构和岗位设置，以及各机构、岗位的职责权利和各机构、岗位之间的业务关系。恰当的组织结构有助于组织获得好的表现。设计并建立完善的内部组织结构，是人才发展中心开展业务、发挥作用的前提与关键。

一、人才发展中心组织结构设计实施主要步骤

（一）选定基础模式

直线职能型（包括直线型或职能型）、项目型、矩阵型是常见的三种人才发展中心组织结构模式。人才发展中心应根据自身功能定位、主要职责、业务内容、管理模式和能力资源状况，在直线职能型、项目型、矩阵型等典型模式

中选定一个作为设计的基础模式,并在这一基础模式上,结合人才发展中心的实际做出适应性调整。

(二) 确定部门设置

根据人才发展中心的功能、职责全面分析和确定人才发展中心的业务工作量,并根据业务工作量及业务工作之间的关系,按内容性质或流程阶段等特征上的异同对全部业务工作做出系统梳理、合理分配,进而确定人才发展中心内部部门的设置。部门的划分主要是根据工作内容的相关性对工作单元进行分组,工作单元则是根据工作的职能、产品、地区、客户、技术、时间等内容特征进行划分的。

(三) 平衡部门工作量

在部门设置确定后,对各部门的工作量进行整体平衡,使各部门的工作职责和任务整体较为均衡,同时对存在制衡关系的业务或职能应尽量安排不同部门分开承担。

(四) 确定岗位编制

在确定部门设置和部门工作量之后,就需要确定部门内的具体工作岗位,即对部门工作职责进行分解后,设置一定数量、不同类别的工作岗位以具体承担和落实这些工作职责。对于业务量和业务管理规模较大的人才发展中心,可能需要设计两级或以上的组织层级,即在一级部门确定后还需设置二级部门或模块,然后再设置具体的岗位。一般而言,在部门岗位设置时应根据工作量的大小而确定各岗位的编制数。

(五) 建立组织规范

绘制人才发展中心组织结构图,直观地描绘出整个人才发展中心的部门和岗位之间的关系，以及这些部门和岗位的基本工作职责。确定各部门和岗位的功能作用、发展目标、任务内容，对各部门和岗位的基本职责权利做出界定，对各部门、各岗位之间如何分工协同以及如何流转信息、资源等做出明确规定，建立人才发展中心组织结构规范。

（六）编写组织说明书

人才发展中心的组织说明书包括其所属各部门和各岗位的说明书。说明书是对组织结构、组织规范的进一步、更详尽的说明性描述，包括各部门、各岗位的工作职责、工作目标、工作要求和工作标准，以及各个岗位的任职资格、条件等。

（七）文件颁布

在前面六个步骤及所制定的规范、标准、流程等的基础上，汇总制定人才发展中心系统分析文件（制度）。这些文件经审议通过后作为企业文件正式颁布，由此，人才发展中心组织结构正式宣告建成。

二、人才发展中心的三种典型结构模式

（一）直线职能型

直线职能型组织结构是对直线型和职能型两者结构模式的整合，即在直线型结构的基础上，在行政主管之下设置从事专业管理和服务的职能部门（如计划、财务等部门），作为管理者的参谋机构，实行管理者统一指挥与职能部门参谋指导相结合。直线职能型组织结构通常适用于业务类别比较单一、业务量大、常规性工作占比较高、决策信息少的组织。在直线职能型结构下，组织中各级管理者逐级负责；某一层级的机构既受其上级的管理，又受其同级职能管理部门的业务指导和监督；职能部门是参谋部门和服务部门，参与制订计划、

方案、制度及相关指令，起到业务指导和支撑服务的作用，无权直接下达指令，相关指令均经由直线主管批准下达。

直线职能型组织既保持了直线型结构在指挥管理上集中、统一、高效、有力的优点，又具有职能型结构分工细密、注重专业化管理的长处，通常具有决策快速、反应灵活、维持成本低、管理效率高且责任清晰、有效防止推诿等优势。当然，直线职能型组织也存在一些缺陷。德鲁克就曾指出，职能型组织通常难以聚焦在经营绩效上。⊖ 直线职能型组织属于集权模式，组织的权力高度集中于最高管理层，所属部门缺乏必要的自主权；在组织内部层级较多时，则会因为报告传递路线长而造成信息反馈速度慢，由此势必影响组织快速适应环境变化、响应客户需求的能力；各职能部门之间横向的沟通和联系不足，存在"本位主义"思想，因而容易产生流程上的脱节和部门之间的矛盾；职能部门与直线部门之间可能会因为目标、立场的不统一而产生矛盾；在多部门的具体合作中还可能存在责任归属难以确定等问题。

因此，在工作内容相对单一、常规性或标准化工作占比较高、决策信息少的情况下，人才发展中心可以采用直线职能型设计组织结构，按照业务和管理职能划分部门，由校长（或负责日常工作的副校长）直接管理或由副校长（校长助理）分工管理各职能部门和直线部门。直线职能型人才发展中心强调专业分工，将与人才发展中心业务活动相关的专业活动进行集中管理，使专业知识和技能得以巩固，促进各专业职能发挥作用，有助于组织实现职能目标。同时，为了避免职能部门和直线部门之间的摩擦，人才发展中心管理层应明确各职能部门和直线部门的作用与职责，要在支持职能部门发挥作用的同时，加强对职能部门的领导和指导，同时鼓励直线部门合理采用职能部门所提供的服

⊖ 【美】彼得·德鲁克著，齐若兰译，《管理的实践》，机械工业出版社2006年版，第153页。

务。通常会有以下两种结构模式,一种是在人才发展中心规模并不是很大的情况下,由人才发展中心负责人(校长、常务副校长或执行校长等)直接管理各部门(见图7-3);另一种是在其人员规模较大的情况下,在人才发展中心负责人与各部门之间增设分管副校长,由副校长按分工管理相应的部门,副校长向人才发展中心负责人汇报工作(见图7-4)。

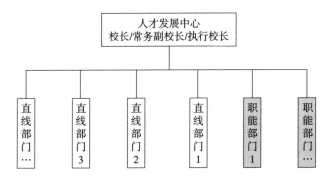

图7-3 人才发展中心直线职能型组织结构(一)

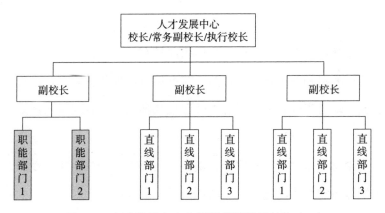

图7-4 人才发展中心直线职能型组织结构(二)

(二)项目型

项目型组织是指一切工作都围绕项目进行、通过项目创造价值并达成自身战略目标的组织，体现了强烈的客户需求导向。项目型组织将员工以项目制的方式聚集起来，有效地对客户需求和项目目标做出反应。项目型组织结构适用于追求满足客户个性化需求、较少提供标准化产品和服务的组织。理论上讲，项目型组织所经营的业务就是一个个项目。在项目型组织中，每个项目都是自主经营、独立核算的，每个项目团队严格致力于一个具体的项目。项目负责人（项目经理）一般是专职的，对项目团队拥有完全的决策权力和行政权力，因此，项目经理的人选不仅要具有很强的业务能力、管理能力，而且还应具有较高的权威性和影响力。在项目型组织中，员工的主要身份是项目组成员。

项目型组织具有目标明确、有利于培养全面型人才、能及时有效满足客户需求、打造高效工作团队等优点。项目型组织结构被认为可以有效改善直线职能型组织机构僵化、组织内部交流不畅等问题，给员工提供全方位的培训、实践和发展机会，对团队精神的建立有显著效果，特别是在人员较少的组织，项目型结构可以充分激发员工在工作中开展合作的积极性，进而提高组织的工作效率。同时，项目型组织也存在缺点，一是项目之间难以沟通、协调、资源共享，虽然单个项目聚焦于具体的目标因此是有效率的，但对整个组织而言往往会存在资源浪费和低效运行的风险；二是项目根据任务需要在组织内招募项目成员，因而项目工作具有临时性、阶段性的特征，随着项目的结束员工要重新加入新的项目，持续流转于不同的项目虽然能为员工能力拓展创造条件，但这会使得员工感到不够稳定和安全，员工的归属感和责任心将会受到影响；三是此类组织普遍缺少为不同项目团队成员进行职业技能和知识交流的机制及场所，不利于组织技术的推广和提升；四是项目型组织对于组织的管理也提出了很高的要求，项目的有效推进、项目团队的激励管理，均依赖于组织能够制定可靠、合理、有效的制度作为基础和保障。

采用项目型组织结构的人才发展中心，通常是将业务项目化（主要是培训项目），在人才发展中心管理层之下设置若干项目经理，由项目经理牵头组建项目团队。实际上，人才发展中心通常还会在项目团队之外设置一些负责日常事务的职能管理和服务部门，如综合服务部（办公室）、财务部等。项目型组织结构通常会对项目团队实施独立核算，各项目团队具有较大的自主权，因此对项目经理的配置是人才发展中心运行的重要环节。同时，为保障各项目团队的运行顺畅和取得绩效，人才发展中心要做好项目团队之间、项目团队与职能管理和服务部门之间良好的协调工作，同时加强资源整合共享和员工职业规划，在人才发展中心层面实现基本流程和运行机制的统一和标准化。

人才发展中心的项目型组织结构，如图 7-5 所示。

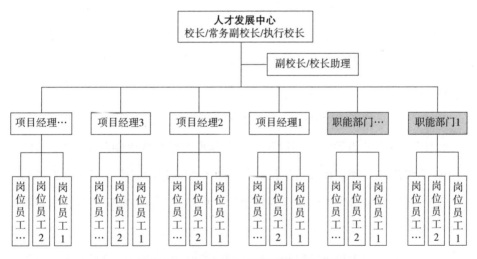

图 7-5　人才发展中心项目型组织结构

（三）矩阵型

矩阵型组织结构可以被理解为在传统的直线职能型组织内建立项目小组。这种组织结构既包含适合于日常运营的直线职能型组织结构，又包含适合于完成专门任务的项目型组织结构，兼具直线职能型组织和项目型组织的特点。简单地说，矩阵型组织是在直线职能型结构纵向垂直管理的基础上，增加横向的管理系统，即在保留各种专业职能部门（纵向，列）的同时，又建立一系列专门的项目团队（横向，行），由此构成矩阵型的组织结构。在矩阵型组织结构下，各个岗位将具有两条指令系统。

矩阵型组织结构兼具直线职能型组织和项目型组织的优点，其双重或多重汇报机制有利于各部门间的沟通和协调，促进了组织内各类资源和人员的灵活调配、充分共享与高效利用，能有效节省人力成本、减少资源浪费；项目团队以任务为导向，聚焦于客户需求，权责利比较对等，能敏捷高效地响应和满足业务发展与环境变化的需要；还可以为各职能部门和各项目所需技能与知识提供培训机会，能较好地解决项目成员的归宿感和发展稳定问题。同时，矩阵型组织结构也存在一些不可回避的劣势。比如，资源使用过程中的冲突问题难以协调；组织成员有两个或以上的直线主管，存在职责交叉后管理边界模糊、考核不清晰等问题。

根据直线职能型和矩阵型结构在组织中所发挥的主导作用程度的不同，矩阵型组织又可以分为强矩阵型组织、弱矩阵型组织和中性矩阵型组织。其中，弱矩阵型组织与直线职能型组织相近，但其组织内已正式设立了数量不多的项目团队，且有部分员工专门从事项目工作，只不过项目经理等项目管理人员可能不是专职的，且项目经理的权力相对于项目型组织要弱很多。中性矩阵型组织是在直线职能型和项目型组织两种结构中相对均衡的一种组织形式，在这种组织中，有一定数量的正式项目团队，且项目团队大部分为专职人员，项目经理有专职也有兼职的，他们被赋予了较大的项目管理权力。强矩阵型组织与项目型组织非常接近，这种组织正式设立了较多数量的项目团队，项目经理、项目管理人员、项目团队成员一般都是专职的，他们的权力已接近于项目型组织。总而言之，是采用强矩阵型、弱矩阵型还是中性矩阵型组织，关键在于组织所承担的业务究竟在多大程度上适用于项目化的方式。

　　人才发展中心采用矩阵型组织结构，一方面是因为采取项目化的方式能及时有效地满足客户的多元化需求；另一方面，人才发展中心也需要专业化的分工和统一的管理职能。在矩阵型组织结构的人才发展中心，要有一定数量的专职或兼职项目经理的人选，在项目经理主持开展项目活动时，要授予他们完成项目目标所需匹配的职权和职责，比如必要的人事管理权。参与项目工作的员工（其正式身份是在直线部门或职能部门某一具体岗位）在项目运行期间的工作绩效一般是由项目经理进行考核评价的。人才发展中心要建立健全工作机制，就要明确清晰地界定项目经理的职权，明确每一个项目中项目成员的职责和管理流程，建立和规范项目成员绩效管理办法，尽可能减少和避免多重领导和指令下的矛盾和冲突。同时，人才发展中心还应积极打造团队文化，增强人际沟通协调技能。

　　人才发展中心的矩阵型组织结构，如图7-6所示。

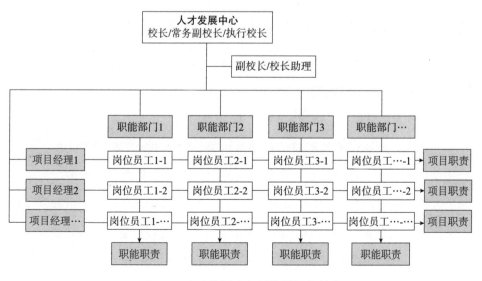

图7-6　人才发展中心矩阵型组织结构

实际设计的矩阵型组织结构如图 7-7 所示。

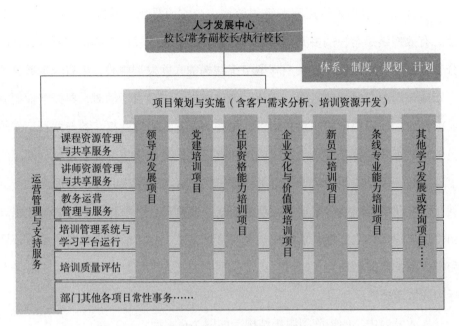

图 7-7 人才发展中心矩阵型组织结构（示例）

三、人才发展中心组织结构设计的影响因素和总体思路

不同的工作内容、条件资源、业务流程、部门组合方式，决定并形成了不同的人才发展中心组织结构。

在设计人才发展中心组织结构时，需要考虑以下几个主要因素。

一是人才发展中心的战略与使命。战略与使命决定了职责和功能，而职责和功能决定了业务内容及业务管理模式，不同内容和形态的业务适用于不同的组织结构。人才发展中心承担知识管理等日常管理职能时，直线职能型组织结构应该是合适的选择；而当培训项目、研究咨询项目等成为人才发展中心的主要业务内容时，则应将项目型组织结构作为考虑的重点。而且，人才发展中心的组织结构要有利于其履行职责、完成任务，有利于其战略的实施和实现。

二是人才发展中心的业务管控模式。如同其他类型的组织，人才发展中心组织结构的设计基于运行管控模式和业务结构。战略指引型、职能引领型、协同价值型和全面管理型的人才发展中心在管理的幅度、深度和专业度上有明显的区别，它们的组织结构选择和设计也必然是不同的。比如，职能引领型人才发展中心可能适合直线职能型组织结构，协同价值型人才发展中心相对适合项目型组织结构，而全面管理型人才发展中心比较适宜采用矩阵型组织结构。

三是人才发展中心的组织规模。要分析人才发展中心的组织规模，以及与组织规模密切相关的人才发展中心的业务种类、业务管理模式、专业分工的复杂程度等，从而选择相适应的组织结构模式。组织规模较小的人才发展中心业务相对简单，专业化分工程度比较低，集权程度高，通常采用直线职能型组织结构；而组织规模大的人才发展中心因为具有专业化、标准化和自主化程度较高的特点，所以大概率采取了矩阵型组织结构。

四是人才发展中心的业务环境与资源条件。组织的结构应根据实际环境以及自身所具有和能掌握的资源条件而设计、建立。人才发展中心的外在环境主要是指它在组织中的方位以及业务中的各种关系，资源条件既包括自身的能力也包括在具体的管控模式下所建立起的影响力。人才发展中心应根据业务环境的动态变化以及实际的资源条件选择灵活的组织结构，当环境在一定时期内相对稳定时则应采用相对固定的组织结构。

五是产品与技术。产品（项目）种类越多，组织结构越复杂；应用新的技术也将有助于提升组织效率，进而影响组织结构。这是设计人才发展中心组织结构时需要考虑的因素。

六是业务外包。部分业务外包将有效降低组织的复杂程度，这也表明业务外包会对组织结构设计产生影响。同时，在实施业务外包的情况下，需要为人才发展中心设计对外部业务进行管理的机构。

组织结构会影响组织作用的发挥和组织的绩效。人才发展中心组织结构设计的总体目标是实现人才发展中心内部系统功能完备、业务流程高效、部门岗位责权匹配、管理跨度合理适度，确保人才发展中心的职责功能得到落实。人才发展中心本质上是一个专业部门，组织结构设计时应尽可能减少管理层级，设计最便捷的指挥链。管理层级越多越难以培养出未来的管理者。每增加一个管理层级，就会在指挥链中增加更多的连接点；每个连接点都会带来压力，成为引发怠惰、冲突和松懈的潜在源头，由此将削弱共同的方向感并阻碍彼此间的了解，而且每新增一个层级就可能增加一份扭曲目标、误导注意力的风险。人才发展中心的组织结构设计要坚持以绩效为目标，确保所有活动都是为了达到最后的目标，要使组织结构成为高效的传导机制，而不能将组织引导到与绩效目标相偏离的方向上去。

好的管理结构不会自动产生良好的绩效，但是在不健全的组织结构下，无论管理者多么优秀，组织也一定不可能展现出色的绩效。健全的组织结构不是灵丹妙药，也不像某些组织理论专家所说的，是管理"管理者"最重要的工作。但是，正确的组织结构是必要的基础，如果没有健全的组织结构，其他管理领域也无法有效达成良好的绩效。⊖ 这就是要十分注重人才发展中心组织结构设计的原因。好的组织结构将促进和驱动人才发展中心及其员工有意愿、也有能力为客户、为未来持续努力、追求成长，而不是故步自封、得过且过、贪图安逸和安于过去的成就。

⊖ 【美】彼得·德鲁克著，齐若兰译，《管理的实践》，机械工业出版社2006年版，第167页。

第三节　人才发展中心学习管理系统的规划建设

在员工培训日益与绩效管理、职业发展紧密融合，传统的培训管理逐步向与员工能力提升相关联的学习发展管理转变的趋势下，为促进企业学习资源高效整合，满足员工个性化、综合化、即时化的学习需求和学习管理一体化的需要，人才发展中心应积极推动建立企业统一的学习管理信息化平台，即企业学习管理系统。学习管理系统是对人才发展中心业务与管理流程的数字化表达和数字化改造，是人才发展中心的数字化操作系统。显然，建设人才发展中心数字化操作系统是以已经建立了线下的业务与管理流程为前提的，但在规划建设数字化系统的过程中，人才发展中心还可以从改善运营、提升效率的角度，对原有的线下管理程序和机制进行优化改造。

一、确定学习管理系统的建设方向和总体任务

人才发展中心学习管理系统是集员工学习、业务管理和资源共享为一体的统一的信息化平台，它的建立是人才发展中心提升管理水平的需要，也是适应数字化学习发展趋势的需要。学习管理系统的建设要以企业战略为导向，以学习需求为驱动，以能力提升为目标，要能够支持多用户主体、多模式管理、多形式学习、跨地域运行，要实现人才发展中心业务流程整合贯通、业务事项在线管理，以及企业组织、员工学习管理与学习服务的一体化在线运作。

（一）服务员工学习与发展

学习管理系统是对企业员工学习发展体系的承接。一是要在逻辑和流程上实现员工培训与员工职业发展、绩效管理紧密关联，学习管理系统要努力实现以员工能力素质模型和员工职业能力测评为依据，针对员工能力现状设计更具个性化的学习方案，将组织目标导入员工发展要求，将员工的学习与能力发展

有机结合起来。二是要通过流程、功能、界面的设计和系统资源的丰富提升员工使用体验，激发员工自我评价、自主管理、自主学习的内驱力，实现学习与发展管理的自主化，促进培训向学习转变，被动学习向主动学习转变，拉动式学习向推拉结合式学习转变，工作分离式学习向嵌入式学习转变，单一式学习向混合式学习转变。三是要积极运用新理念、新技术，满足员工多样化的学习需求，为员工主动式学习、混合式学习提供系统支持，促进从传统的培训模式向以学员为中心的按需学习模式转变。

（二）促进流程优化和管理改善

学习管理系统借助信息化手段巩固和强化已经建立的、成熟的培训业务流程和业务模式，应成为人才发展中心优化内部管理流程、提高业务流程效率、提升管理水平的重要手段。既要从管理者的角度出发，按照学习发展项目发生、发展的流程来建构学习管理系统的功能模块，实现企业培训业务一体化管理；也要基于学习者的需求，建立集中展示和管理包括学习需求、学习指导、学习过程、学习反馈的员工学习全流程的应用平台，实现学习服务与事务管理的全面闭环、交叉融合。同时，结合人才发展中心所承担的职能，将课程开发、研究管理等功能纳入系统进行规范和管理。

（三）支持多主体、多场景应用

在"发展战略—组织能力—岗位设计—学习地图—赋能计划—发展项目"的企业"人才开发链"中，有员工、直线经理、公司高管和人力资源部门、培训机构、培训管理员、培训项目经理等多个参与主体，每个参与主体对于学习管理系统有着各自不同的应用需求。学习管理系统不仅要响应培训管理者的日常管理需求，也要全面支持人才开发链上的员工、主管等主要角色的学习和工作。人才发展中心要在深入分析用户主体和应用场景，全面考虑用户角色和应用需求的基础上，搭建一个标准化、规范化、网络化的开放式学习与发展管理平台，满足全员、全过程、跨地域、多形态的学习与管理需求。

（四）建立数据规范和系统间接口

为提升培训工作效率、学习效率和系统应用体验，学习管理系统要与企业的人力资源管理、人才测评、财务管理、员工创新、知识管理等专业系统充分协同，与人才发展中心门户网站、教学资源系统、E-Learning（数字化学习）系统等周边相关系统高度集成。为实现与其他业务系统敏捷、顺畅、准确地进行数据交换，促进工作协同和信息交互，要建立统一的代码管理和数据规范，满足周边相关业务系统的协同建设要求（抑或是需要对周边相关系统进行功能性、适应性改造），规范建立与其他系统的数据接口，实现与其他平台的单点登录。学习管理系统也应实现企业培训信息在线、动态跟踪管理，提供对培训数据的实时查询、汇总、分析。

（五）实现学习资源的统筹管理和共享

通过学习管理系统的统筹管理、统一规范，能够分级共享企业各部门、分子公司拥有的内外部培训资源，破除管理壁垒，提升培训资源共享效率。学习管理系统要成为人才发展中心积极开发、全面统筹、有效利用各类学习资源的有力工具，支撑人才发展中心通过资源整合实现培训资源共享、效益最优、效用最大，促进培训工作质量提升。

人才发展中心学习管理系统的建设应依托并服从企业系统建设的统一部署。根据应用功能，学习管理系统可以规划为员工学习平台、学习业务管理平台、数据分析平台和集成平台，具体架构如图7-8所示。

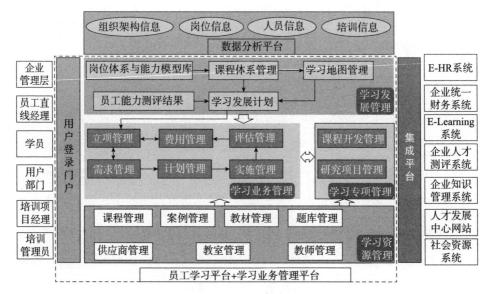

图 7-8　人才发展中心学习管理系统架构（示例）

二、员工学习平台

员工学习平台是企业员工的个人学习门户，主要是面向普通员工、直线经理和公司高管，实现员工学习需求、学习指导（直线经理对下属的学习指导）、学习过程、学习反馈的集中展示与管理。员工学习平台融合了正式学习和非正式学习，通过基于员工职业发展的嵌入式学习和多样化的学习手段，构建以学员为中心的按需学习模式，由传统的被动式学习逐步向主动式学习转变，满足员工能力提升的发展需要。基于企业的 E-HR 员工自助系统，构建面向全体员工的个人学习门户，并实现在企业协同办公平台（OA 系统）单点登录。

员工学习平台包括员工、直线经理（或培训管理员）、公司高管的学习管理三大功能。

员工的学习管理模块包括正式学习管理、非正式学习管理和能力管理三大功能。员工正式学习管理涵盖的功能包括但不限于：查看核心学习课程表（对于组织要求和能力匹配要求的学习课程，可推送至员工本人），制订学习计划，提交学习申请，进行学习报名、注册，接收各类学习通知、考试通知，查看学习进度、学习结果、学习反馈，参加培训评估等。员工非正式学习管理涵盖的功能有：撰写读书笔记、编写案例，查看专家博客，与导师在线沟通、查看导师评语，加入学习社区进行学习，参与学习社区的管理，进行其他非正式学习等。员工的能力管理涵盖的功能有：查看个人职业发展路径、能力评估、能力提升计划等。

直线经理的学习管理模块包括的功能有：协助制订下属的能力提升计划，根据下属的绩效反馈与人才培养的需求发出学习指令，查阅、监督下属的学习状况，参加培训评估，对导师制中的被指导者给予指导等。

公司高管的学习管理模块包括以下功能：全盘掌握集团及各子公司的学习和能力发展状况，及时了解相关员工的个人学习和发展动态等。

直线经理和公司高管作为企业员工，在学习管理系统中同时具有"员工的学习管理"操作功能。

三、学习业务管理平台

学习业务管理平台主要是面向培训管理人员，平台应具有学习发展管理、学习业务管理、学习资源管理、学习专项管理等功能。

（一）学习发展管理

学习管理系统为服务员工发展，需要从 E-HR 系统获得职位体系和各岗位的能力素质模型、岗位规范、任职资格要求等信息，从人才测评系统或 E-HR 及周边其他含有评价结果的系统获取员工的能力评估结果，并使之在学习管理系统中展现。学习管理系统以岗位能力素质模型为基础，在职业发展路径的指导下，通过岗位能力素质模型，建立配套的能力提升课程体系，给予员工系统的学习规划，为员工的学习与发展提供导航。在岗位能力素质模型、能力评估结果和学习地图的基础上，贯彻企业战略发展要求，针对不同人群制订能力提升计划，在学习系统中生成有针对性的员工学习发展计划。

（二）学习业务管理

学习业务管理是指学习发展项目立项、需求、计划、实施、结果、评估及费用等全面的闭环管理。

项目立项管理包括对学习发展项目进行分层分类编码、管理，按企业组织结构分层授予权限进行立项申报管理，以及立项审核管理，并最终生成年度培训项目菜单，在系统中发布至全员，供员工选择申报。

项目需求管理一般应设有需求申请、需求撤销和需求批准的功能。员工登录学习管理系统（或其他单点登录平台）提出个人意向，本部门培训管理人员对员工个人培训意向按项目进行汇总，经内部批准程序形成培训需求，由所在单位人力资源部门审批后提交人才发展中心。在培训需求尚未正式实施（开班）的情况下，通过审批程序，培训需求可申请撤销。

项目计划管理是指系统根据收集的培训需求，按照培训项目计划的要素进行年度和月度培训计划的管理，并提供培训计划执行预警提醒功能。系统可自动汇总审批通过的年度培训需求，在培训管理人员或项目经理录入计划开始时间、结束时间、计划开班数等内容后，生成年度培训计划。年度培训计划制订完成后，保留对年度计划进行修改的功能。培训管理人员或项目经理在与培训需求单位确认的基础上编制月度培训计划及预算。同样，保留对月度培训计划的增补、调整、取消等功能。

项目实施管理是针对月度培训计划中的培训项目加以具体实施的过程。实施管理内容贯穿培训实施全阶段，包括培训班级管理、名额分配、报名管理和学员培训记录等一系列事务，涉及多主体参与，具体包括培训项目需求调研、培训方案管理、开班准备、办班通知发布、培训名额分配（组织调训的情况下）、学员报名确认、班级注册管理、学员注册管理、过程管理（对学员考勤和培训实施过程进行质量监管）、考试管理、试卷管理以及发布考试信息等。项目实施管理是学习管理系统学习业务管理模块的重点内容。

项目培训结果管理即对学员的培训结果、成绩及证书进行管理。项目经理负责维护学员的培训结果信息、培训成绩信息（总成绩或课程成绩）、培训证书信息。可通过系统设定是否需要颁发证书。对于应颁发证书的，在培训结束后批量打印证书并实现电子证书的生成和推送。通过自定义编码规则，保证各类证书编号的唯一性和可靠性。系统提供证书的查询、新增、修改、删除功能。

项目评估管理的功能一是系统可创建培训评估模板，动态设置培训评估要素，可对培训总体效果、培训方案、培训师资等进行评估。二是在培训结束时或培训结束一段时间后，人才发展中心组织学员、直线经理、送培单位培训管理人员等通过系统对项目进行评估。对于部分项目进行的纸质评估，系统应具备数据录入功能。三是送培单位通过系统按照培训质量评估表对人才发展中心的工作进行评价。四是人才发展中心与各项目实施部门或项目经理通过系统定期开展培训工作质量自评，人才发展中心对培训质量进行总体评价，并提出持续改进的计划。

项目费用管理也包括四个功能。一是费用预算管理。在制订培训计划时（包括学习专项管理中的课程开发、管理研究项目的计划）制订费用预算。培训项目费用预算应按费用审批流程在系统中进行审核，若费用审核不通过则此培训项目报批流程终止。二是费用明细管理。在项目实施过程中对实际发生的费用进行实时监控和跟踪管理。三是支付管理，即对培训项目全流程中费用支付情况的管理，主要包括支付申请、支付审批。四是收费管理，是在培训项目（计划）完成或阶段性完成且发生费用时，以不同的费用收取方式，根据费用标准收取费用。

（三）学习资源管理

学习资源管理是指对供应商、教室、师资、课程、教材、案例、题库等学习资源进行统筹管理，各应用主体可以按照其权限使用系统内的各类学习资源，如图7-9所示。

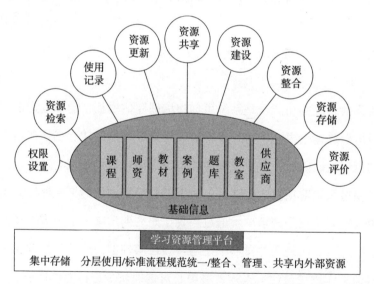

图7-9 学习管理系统学习资源管理示意图

培训供应商管理。一是供应商的信息管理。统一规范记录供应商的基本信息、核心产品（课程等）、拥有的师资情况、优势特色、收费情况、合作经历（包括合作期间的年度评估情况）、评价等级、引进和退出情况等。二是对培训供应商的准入评估流程进行管理。企业各分公司、子公司和部门可根据需要提出培训供应商申请，填写培训内容及培训供应商的相关信息，由人才发展中心统一进行审批，审批通过的供应商信息可纳入企业统一的培训供应商库。三是对培训供应商的退出流程进行管理。

教室管理。具体功能有记录培训教室名称（编号）、地址、容纳人数、特点、教室当前状态、教室所配设备、租借费用、所属机构、共享范围等。支持对教室的预订和撤销预订，并对预订申请和撤销预订做出规范，明确要求和流程。系统可对教室使用信息实现即时查询和数据汇总。

师资管理。培训师资分为内部师资和外部师资，需要记录培训教师的基本身份信息、讲授的课程、学员的评价、课酬标准、行业背景、已交付客户、联系方式、信用卡类型、信用卡号、是否内部兼职教师（内部兼职教师的等级）、所属供应商、师资归口管理单位，确保培训师资信息实现动态维护和即时查询。

课程管理。在系统中建立培训课程库，包括课程的代码、名称、内容、学时、教材（包括课件、案例）、版本、师资、课程开发者、课程应用背景、课程应用领域、目标学员、课程所属机构、共享范围等。支持建立项目、课程、教材、师资的关联信息。人才发展中心通过学习管理系统对企业（包括人才发展中心和各分公司、子公司）各类教材、课件、案例等进行统一管理。

题库（试卷）管理。主要包括题目内容、标准答案、分类、题型、分值、答题时间、适用业务领域或课程的分类、难度、区分度和考查知识点、使用总次数、上次使用时间、出题人、出题日期、题目所属机构、共享范围等信息的管理。题库具备手动、自动组卷和出卷、阅卷管理功能。

（四）学习专项管理

学习专项管理是指对人才发展中心承担的专项事务的管理，比如课程开发管理和研究项目管理等。

　　课程开发管理是指对课程开发的全过程跟踪管理。一是课程开发需求管理。课程需求方或自主开发者在系统中申报课程开发需求，按要求填写需求信息或课程信息，由人才发展中心进行线上审批。二是课程开发计划管理。人才发展中心依据各类课程开发需求，编制年度课程开发计划。计划包含年度课程开发的目标、原则、内容和费用预算等。对课程开发计划分层分类管理（重点课程和一般课程）。系统应设有计划调整功能。三是课程开发立项管理。开发需求纳入计划后，课程开发团队应填写立项申报表，人才发展中心与课程开发责任部门联合组织有关方面进行立项评审。四是过程管理。课程开发团队负责通过系统对课程开发进展情况进行动态管理，包括定期汇报开发的进展情况。五是课程结项和试用。课程开发任务完成后按要求在系统上上传材料，提交结项申请。人才发展中心组织结项评审，并将课程试讲、试听、试用等情况录入系统。一般课程开发由人才发展中心开发管理部门确认结项，重点课程开发由人才发展中心组织专家线下评审。通过结项后，开发成果纳入学习资源管理。

　　研究项目管理是指对各类管理研究项目进行在线过程管理。一是项目需求和计划管理。在线自主研究项目由项目单位自行填报需求；离线自主研究项目由人才发展中心组织调研相关单位需求，填写项目需求确认表，经项目需求单位会签确认。离线外协研究项目的管理流程在离线自主研究项目的基础上增加企业领导审批环节。二是项目立项管理。人才发展中心按照计划组织编制项目实施方案，确定研究目标、研究内容、项目团队组成、时间进度及委托给外部的内容。项目实施方案需经项目需求单位会签，企业领导直接布置的研究项目则由项目研究内容对应单位作为项目需求方会签。人才发展中心组织方案预审后报企业领导审批。三是项目实施管理。项目实施责任单位动态维护项目信息，人才发展中心对项目实施过程进行跟踪管理。四是结题评估管理。人才发展中心组织对项目研究成果整体质量、外部咨询机构服务质量、项目实施过程管理水平等进行评估。五是研究成果评审。人才发展中心每年都应对上一年度研究成果进行评审,并在企业内发布、表彰优秀研究成果。

四、数据分析平台和集成平台

数据分析平台主要面向业务人员和公司管理者,针对员工学习与发展中的各种数据进行分析研究,发现存在的问题,总结内在的规律,并有针对性地实施改进举措,从而有效地支撑公司的学习与发展战略。数据分析平台采用数据仓库技术,对员工学习与发展数据进行多样化的分析和展现,作为辅助决策的参考依据。

集成平台是指学习管理系统与各相关系统(协同办公系统、E-HR系统、员工自助平台、学习管理和E-Learning系统等)间的单点登录及与周边各系统的有效集成(E-HR系统、E-Learning系统、标准财务或全员报支系统、信息共享平台)等。

一是与企业E-HR系统对接,传递员工学习发展计划和员工的学习结果信息到E-HR系统,E-HR系统提供组织机构信息、人员基本信息、能力素质模型、职业生涯路径、培训项目、培训需求、培训计划等信息到学习管理系统,如图7-10所示。

二是与人才发展中心的E-Learning、M-Learning、APP及其他学习应用软件对接,传递学员信息、资源信息、在线项目信息给E-Learning、M-Learning及其他学习应用软件。E-Learning、M-Learning、APP及其他学习应用软件传递学员注册信息、成绩信息、学习行为信息、质量评价信息、证书信息等到学习管理系统。

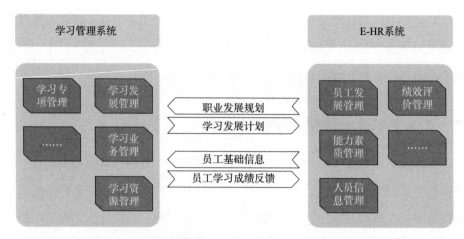

图 7-10　学习管理系统与 E-HR 系统的对接关系（示例）

三是与企业标准财务系统对接，传送付款申请信息，并接收财务系统的付款申请，接收处理信息、审核信息和供应商接口信息。

四是与人才发展中心门户网站对接，传送年度培训计划和月度、季度、年度的实施情况至门户网站。

五是与企业相关知识管理平台对接，传送各类成果至知识管理平台，从知识管理平台获得课程、案例等相关信息。

五、学习管理系统的建设思路

系统架构方案一般采用标准的 B/S 三层架构，前台 Web 浏览器，中间层为基于 J2EE 架构的 Web 应用服务器，后台为数据存储/处理服务。其架构如图 7-11 所示。

前台客户端软件主要用于展现，为图形化界面，便于用户使用。应用服务器层软件主要用于业务逻辑处理，负责对数据进行操作，并把结果反馈至前端用户。后端数据处理层软件主要用于对数据进行存储、操作管理。

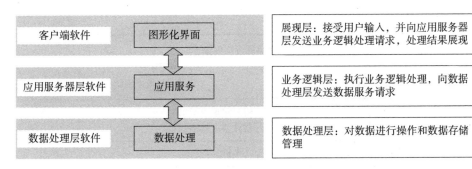

图 7-11 学习管理系统软件环境架构

根据应用功能规划，需要提供一个面向企业全员的学习管理和学习执行平台，同时通过与周边系统的数据集成，实现学习系统的全流程功能，为此，人才发展中心应建设一套完整、适用的主机软、硬件平台，支撑学习系统应用功能的运行。学习管理系统应用功能与外部系统间具有大量的数据交换需求，这些数据交换需求将遵守企业已有的 EAI（Enterprise Application Integration，企业应用集成）平台的通信规范，通过 EAI 平台完成。

学习管理系统的建设涉及面广且关系密切，同步性要求高，需要建立由企业人才发展中心与人力资源部门、信息化归口管理部门、用户部门、外部供应商等组成的专门项目小组负责项目日常管理、协调、推进。其中，人才发展中心与人力资源部门作为项目主单位，总体负责项目管理、推进工作，并负责确定模块功能需求，提供业务支撑（见表 7-4）。

表 7-4 项目实施进度安排与项目费用匡算（示例）

项目实施进度安排			
实施阶段	实施内容	实施时间	阶段成果
业务分析	项目建议书	1~2 个月	《项目建议书》
系统立项	可行性方案	1~2 个月	《系统可行性方案》

（续）

项目实施进度安排

实施阶段	实施内容	实施时间	阶段成果
系统实施	需求分析	2~3 个月	《用户需求说明书》《软件需求规格书》
	基本设计	2~3 个月	《基本设计报告》
	详细设计	2~3 个月	《数据库设计》《详细设计》
	编程实现	3~4 个月	应用程序代码
	测试	3~4 个月	《测试用例》《系统测试报告》《验证测试报告》
	用户培训	0.5 个月	《操作手册》
	系统切换	0.5 个月	《系统切换方案》
	系统推广	1~2 个月	
	结题	1 个月	《系统验收报告》等

项目投资匡算

序号	项目	匡算（人民币：万元）	备注
1	硬件设备 （服务器、磁盘阵列、磁带机、交换机等）		
2	系统软件 （操作系统、数据库、中间件等）		
3	应用软件 （标准套装软件加客户化或定制化开发）		
总计			

| 第八章 |

成势
企业人才发展中心建设项目的落地

第一节　人才发展中心的建设模式

企业人才发展中心的建设模式主要包括两个方面的内容。一是创建方式，指企业在筹建人才发展中心的过程中以什么样的角色和工作方式完成从建设立项到成立的全部筹建任务。二是运营方式，即人才发展中心成立后企业以什么样的角色和工作方式来运营它。换言之，人才发展中心的建设模式就是指企业在人才发展中心创建和建成后是独立自主运作，还是选择与外部机构合作，以及以什么样的方式进行合作，合作的内容有哪些等。㊀

根据企业在创建和运营人才发展中心过程中的独立性和自主性的程度，可以将人才发展中心的建设模式（即创建模式和运营模式）分为独立自主建设、部分委托建设、完全委托建设三种主要类型。

㊀　人才发展中心实体基地的建设不包括在其中，后面有专门讨论。

一、人才发展中心的创建模式：独立自主、部分委托、完全委托

（一）"独立自主"创建模式

这一模式是指企业完全依靠企业内部人员和力量，独立开展人才发展中心的创建工作，完成从无到有的创建任务。也就是说，从动议创办人才发展中心开始，到项目立项、方案设计、方案审定，再到方案的具体执行，直至人才发展中心挂牌成立，全部任务均由企业内部人员和项目团队承担和完成。当然，在创建过程中，企业方需要前往其他已建成的优秀人才发展中心参访、交流，以及向一些专业性的研究机构进行咨询、学习，但实际的创建工作是由企业内部人员独立自主完成。

一般而言，以这种方式创建人才发展中心的企业，已经拥有一批对人才发展中心及其建设有足够全面、深入认知的内部人员，他们能够胜任规划、设计、筹建人才发展中心的任务。同时，这些企业大多在此前已经建立起了相对健全的员工培训工作体系，在此基础上创建人才发展中心的工作任务相对要容易一些。

企业独立自主创建人才发展中心，可以保证人才发展中心更合乎企业战略的需要，更好贴合企业的行业特征、组织文化、经营主题和业务实践。在这种模式下，企业更加需要深入学习、广泛借鉴、博采众长，要真正把握人才发展中心的核心本质，在最大程度上克服由原班人马组建新的人才发展中心所带来的各类原生性的问题，不能把人才发展中心建设成一个只是换了名头的传统的培训中心。

（二）"部分委托"创建模式

"部分委托"创建模式是指在创建人才发展中心的过程中，鉴于企业某些专业能力不足、人员力量不够等原因，为更高效地完成创建任务，企业在总体

上发挥主导作用的同时，将部分创建工作委托给外部专业机构，与外部专业机构合作完成人才发展中心的创建。

人才发展中心的创建，特别是关于其内涵与理念的设计、体系与机制的建设、制度和标准的制定等，对于专业性都有着较高的要求，企业内部不一定完全具有这方面的能力储备，因此有必要寻找与外部专业机构的合作。而且，人才发展中心的创建是一项系统性的工程，涉及内容比较庞杂，工作量比较繁重，如果企业内部人员力量不够，将部分工作委托给外部机构承担也是一种性价比较高的选择。

需要明确的是，在"部分委托"创建模式下企业依然保持着主导地位，发挥着主导作用。这种创建模式的特点，一是能发挥企业的主导作用，确保创建的人才发展中心是根植于企业的，是能够理解企业战略、适应企业文化、满足企业人才与业务发展需求的；二是通过合作的专业机构可以广泛借鉴人才发展中心建设的优秀经验，能够在创建过程中赋能企业内部员工，帮助企业快速掌握人才发展中心的建设、运营的知识和技能；三是通过委托并购买专业机构的产品、服务，能够有效节约人才发展中心的创建成本，实现企业效益最大化。"部分委托"创建模式是企业创建人才发展中心时常用的一种模式。

（三）"完全委托"创建模式

这是指企业只提出创建人才发展中心的总体目标和要求，其他事项包括人才发展中心的创建方案策划以及各项具体创建任务等，均委托外部专业机构实施和完成，企业最后对创建成果予以确认验收。

一方面，"完全委托"并不意味着企业在人才发展中心的创建过程中充当"甩手大掌柜"。企业是人才发展中心的所有者，人才发展中心的创建成效以及创建成功后的使用和运营直接关乎企业的利益。在这一模式下，企业仍然要在需求确认、方案审定、成果验收等方面发挥主导作用。

另一方面，创建过程中的具体任务实施以受托机构为主，若有需要，企业应提供必要的支持，包括安排企业内部人员参与其中并配合外部机构开展工作。在这一模式下，企业明确创建人才发展中心的总体要求，外部专业机构充分调研企业实际，在梳理、分析和明确企业真实、具体的需求之后，提出创建人才发展中心的一揽子解决方案和具体行动计划，经企业审定，由外部机构负责人才发展中心的全部创建工作直至通过企业验收，宣告人才发展中心建成。

"完全委托"创建模式基本上可以说是一个无奈的选择，这在很大程度上是因为企业缺乏关于建设人才发展中心的知识和人才，因此不得不选择将创建人才发展中心的具体事务全部委托于人。这种模式创建的人才发展中心的质量，一方面取决于受托机构的实践经验、专业能力与职业精神，能不能充分、准确地了解企业、理解需求是一个最为关键的前提；另一方面也取决于企业在创建过程中与受托机构的互动，因为双方的高质量互动既能帮助企业增进对于人才发展中心的认知——这无疑有助于更好地创建人才发展中心，更有益于受托机构高质量地创建满足企业需求的人才发展中心，而不是交付一个标准化的"产品"。除非万不得已，企业应尽量不采用"完全委托"的创建方式。即使企业当前并不具备知识和人才的储备，但只要明确了建立人才发展中心的需求和决心，就可以通过先期组织专门团队，开展专题学习的方式（比如请专家进企业来授课和咨询以及"走出去"参访交流等），建立关于人才发展中心的认知，不断掌握有关人才发展中心建设的理论知识和实践经验，而后在此基础上以"部分委托"的方式创建人才发展中心。

上述关于人才发展中心创建模式的分析存在一个基本前提，即企业需要自己的人才发展中心。曾有人建议，一些"志同道合"的企业基于业务生态或其他关联条件，可组成企业联合体，联手筹建人才发展中心。这种方式既有利于公摊创建成本，又能促进企业间业务的融合，还能实现企业创建人才发展中心的夙愿。但是，目前来看，这种形式的人才发展中心实际上十分少见。即使按照这种形式创建，"人才发展中心"成立之后，如果要持续有效地发挥作用、创造价值，它的发展方向必然是转向独立（中立）运营，作为一家独立（中立）的组织，向所有参与筹建的企业提供服务。各家企业对于这所"人才发展中心"而言，既是股东也是客户。这种形式的人才发展中心不在我们正在进行的讨论范围之内。

二、人才发展中心的运营模式：独立自主、部分委托、完全委托

（一）"独立自主"运营模式

"独立自主"运营模式是指在运营人才发展中心的过程中，企业完全发挥主导作用，以企业内部人员为主，建立人才发展中心的专职运营团队和专兼职师资队伍，依托企业内部的人才资源、知识资源、实践经验和场地设施等开展日常工作。在此模式下，即使有部分具体项目需要采购一些外部学习资源和产品、服务，也都是本着"以我为主、为我所用"的原则和目的，是对自有能力和资源的补充，而且，这类外购所占比重通常较小。

"独立自主"运营模式下，人才发展中心由企业专职员工专职运营，人才发展中心的运营工作内容由企业赋予人才发展中心的功能和职责所规定。在完成创建并挂牌成立后，人才发展中心的运行体系就已初步搭建起来，但那也只是刚刚开启了建设的序幕，建设的重点则是之后持续的日常运营，这有着相当繁重的工作需要人才发展中心运营团队去完成，比如以下四个方面的工作。

一是按照人才发展中心的功能职责承担相应事务的管理职责，比如培训事务方面，人才发展中心（即其运营团队）要在企业层面承担培训的需求、计划、项目实施、经费、质量等方面的管理职责。这些基本的管理职责一般是不可让渡的，即使有若干项目需要寻求外部资源和合作，但项目本身的管理职责仍然是需要人才发展中心承担。二是人才发展中心要建立一支适应任务需要的内部兼职师资队伍，要将企业内部优秀的各级管理者和技术、业务、技能等各方面的专家培养、转化和打造为人才发展中心的兼职师资，承担授课、咨询、辅导、教练等工作任务。三是自主组织开发具有企业特色的学习资源，丰富和充实企业的学习资源体系，人才发展中心主要依靠企业内部的专兼职师资团队，系统总结企业内各职能、业务领域的实践，凝练成功经验、汲取失败教训，将之转化为可传承分享的企业知识。四是在运营实践中不断发现和总结，对运营的机制、流程、标准进行及时优化、完善，不断提升运营人才发展中心的实务能力、研究能力。

采用"独立自主"的运营模式并要取得好的运营效果，首先要求人才发展中心要具有强大的运营能力，而且企业内部的学习资源（人、财、物、信息、知识等）也足够丰富，人才发展中心能够有效整合和运用这些资源。人才发展中心要始终保持开放的学习姿态，及时有效地掌握并应用新的学习理论、学习技术和学习工具，这样的"独立自主"的运营才不至于"自我封闭"，不至于与时代脱节，与企业发展趋势相偏离。

（二）"部分委托"运营模式

"部分委托"运营模式是指企业根据自身实际，为满足有关实际需求，在统筹整合企业内外部资源的基础上，为实现效益最大化，将部分（常规性的）工作或项目委托给外部专业机构，或与外部机构联合实施。在这一运营模式下，人才发展中心通过采购外部优质资源与服务，弥补企业和人才发展中心在某些方面的欠缺，或基于社会专业化分工和实现企业经济效益最大化的考虑，购买非核心、通用性的资源与服务。

人才发展中心委托外部机构的业务内容不一而足，比如，有实体培训基地的人才发展中心将其基地的运营管理、物业后勤等工作委托给外部专业化机构；与高校等机构通过合作办学的方式定制实施企业人才发展项目，如校企合作为企业培养高级管理人员、按照双元制模式定向招生并定制培养企业员工等。委托与合作是形式，满足企业需求才是目的。在这一模式下，企业（人才发展中心）一方面要在委托与合作中坚持主导作用，要在辨识并尊重外部机构专业能力的同时，对外部机构提供的产品、服务和资源的质量严加管控；另一方面，要在委托与合作的基础上，相互学习、相互成就，营造更好的合作生态，服务企业学习和企业战略。

在"部分委托"运营模式中，校企合作是一种常见的具体形式。与高等院校合作创建或运营人才发展中心，是不少企业和企业人才发展中心的原始选择（或者说企业习惯于和乐于这样选择）。大学与人才发展中心在学员对象、知识形态、学习方式、运作模式等诸多方面存在明显不同。在创建人才发展中心时，企业可与高校合作，但作为合作伙伴，此时高校对于企业而言与其他咨询机构并无二致，同样要求合作高校应掌握建设人才发展中心的专业知识并能够提供解决方案。在运营阶段，人才发展中心与高校的合作机会较多，但从本质而言，这种合作与人才发展中心和其他教育培训机构的合作是一样的。相比一般的教育培训机构，高校的教学资源更为丰富、更成体系，但同时高校也可能存在着服务客户的主动意识不强、为企业提供定制化服务的积极性不高、适用于成人学习的互动教学方式应用较少等方面的不足。因此，无论是创建还是运营阶段，最终还是需要根据企业和人才发展中心的实际，选择最合适的方式、最合适的机构进行委托和合作，以最大限度地实现乃至超过预期目标。

(三)"完全委托"运营模式

"完全委托"运营模式则是指人才发展中心成立后，将全部项目甚至全部日常运营工作委托给外部机构。从人才发展中心运营的角度而言，"完全委托"模式只是一种理论上的存在，并不具有实际操作性，也几乎没有这一模式的成功实践。因为，按照这种模式，人才发展中心在成立后只是作为一般的"甲方"提出需求，简单履行"发包方"的角色，基本处于"无场地、无课程、无师资"的状态，也不承担实际运营工作，若如此，人才发展中心将不可能发挥出一个战略性部门的作用，其存在也就失去了意义。所以，"完全委托"运营模式也就没有继续讨论的必要了。

三、人才发展中心建设模式分析

人才发展中心的建设包括创建和运营两大部分（或阶段），而创建和运营又分别存在独立自主、部分委托和完全委托这三种方式。因此，从理论上分析，人才发展中心的建设存在九种模式：一是独立自主创建＋独立自主运营；二是独立自主创建＋部分委托运营；三是独立自主创建＋完全委托运营；四是部分委托创建＋独立自主运营；五是部分委托创建＋部分委托运营；六是部分委托创建＋完全委托运营；七是完全委托创建＋独立自主运营；八是完全委托创建＋部分委托运营；九是完全委托创建＋完全委托运营。如前所述，"完全委托"运营模式并无实际操作性，因此，严格地说，实际可以选择的人才发展中心的建设模式只有六种，如图 8-1 所示。

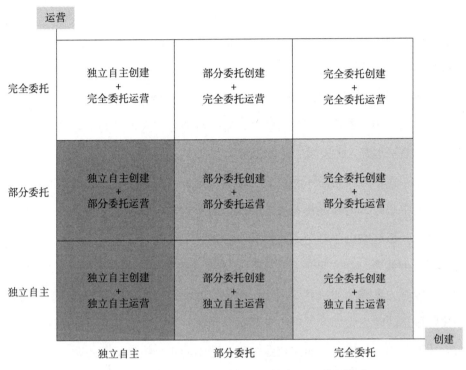

图 8-1 人才发展中心的建设（创建 + 运营）模式

那么，如何选择人才发展中心的建设模式呢？在建设人才发展中心的目标意图统一的前提下，主要还是在综合考虑企业现有人员的能力、资源等实际条件的基础上做出最优、最贴切的选择。

选择"独立自主创建 + 独立自主运营"建设模式的企业，大多是发展成熟、管理规范、基础扎实、有充足的资金建设人才发展中心的企业，而且，这类企业内部已拥有一批培训管理实务娴熟、对人才发展中心有深刻理解、有志于人才发展中心建设的专职人员，也拥有一支能力过硬、愿意分享经验传承知识的业务和管理专家队伍，并且已经积累了比较丰富的企业学习资源，原有的员工培训体系也十分健全。总而言之，这类企业依靠自身的能力和资源能够较好地完成创建和运营人才发展中心的任务。

"部分委托创建＋独立自主运营"的建设模式，一般对应的是原有的培训体系比较健全，但对于人才发展中心的认知和研究还不够充分的企业。选择这一模式，在很大程度上意味着企业希望能够吸收更多外部专业经验和智慧，力求高标准、高质量建设人才发展中心，同时这类企业具有比较强大的项目实施、资源统筹和业务管理等运营能力，它们有信心在人才发展中心成立后依靠自己的力量承担好人才发展中心的日常运营工作。

采用"完全委托创建＋独立自主运营"建设模式的企业，通常在准备创办人才发展中心时其内部是没有人才和能力储备的，为此不得不将之委托给外部专业机构，但这类企业对于人才发展中心寄予了很高的期待，希望人才发展中心体现企业特色，能立足于企业实际有效解决企业现实业务问题，能全天候、无障碍地有力支撑企业战略实施等。因此，即使是"全部委托"创建，也会在创建阶段迅速建立人才发展中心专职运营团队并为之赋能，使之能快速拥有运营人才发展中心的能力。如果企业内部人选不能完全组建运营团队，企业会考虑招聘成熟人才入职人才发展中心。选择这类模式的企业将面临能力速成的挑战，需要保障建设资源的充分投入。

选择"独立自主创建＋部分委托运营"建设模式的企业主要有三个方面的特征，一是已有的基础和条件能够支撑独立自主完成人才发展中心的创建；二是此类企业大多是规模较大的企业，比如业务板块多元、员工数多、经营地域广等，基于便利性和经济性的考虑，人才发展中心在客观条件的限制下会考虑选择"部分委托运营"的模式；三是人才发展中心为实现高质量发展主动将部分项目委托给外部机构实施，比如利用外部优质培训资源合作培养、开发人才等。

以"部分委托创建＋部分委托运营"模式建设人才发展中心的企业，一是已具有较好的人才、资源和能力储备，可以在创建人才发展中心的过程中发挥主导作用,但无法独自完成创建任务;二是企业为博采众长、广泛借鉴、高质量创建人才发展中心而选择"部分委托创建"模式;三是基于企业和人才发展中心运营实际或者人员力量条件等客观因素,对部分工作内容实行委托;四是企业主动寻求外部合作,实施"部分委托运营"模式。

"完全委托创建+部分委托运营"的建设模式所对应的企业大多在一开始并不具备创建人才发展中心的专门人才和能力,但是能快速建立专职运营团队,坚持主导发挥人才发展中心的功能;同时,在后续的运营中,人才发展中心所投入的人员力量又难以支持独立自主承担人才发展中心的日常运营,因此,需要选择"部分委托运营"的方式。

没有最优秀的模式,只有最合适的模式。选择人才发展中心的建设模式,关键是要从企业和人才发展中心的实际出发,按照人才发展中心的功能定位、职责要求和现实需求来考虑,力求在选定的建设模式下,人才发展中心既能充分有效地调动企业内部建设力量,又能合理高效地吸收外部优质资源,从而以最合适的建设模式促成建设质量的最高水准。

第二节 人才发展中心的实体基地建设

人才发展中心的实体基地是指以承担人才发展中心职能和任务为主要用途的建筑、场地和设施。企业要不要为之建设专门的实体基地,是人才发展中心创建过程中无法回避的重要问题。回答这一问题,需要从建设实体基地的效应、实体基地的建设内容以及如何建设实体基地这三个层面进行思考和分析。

一、建设人才发展中心实体基地的效应

被誉为"企业界的哈佛"和"企业领导制造基地"的GE克劳顿管理学

院（即克劳顿村）为全球人才发展中心的实体基地建设树立了标杆。在众多标杆的示范下，国内企业特别是大企业，纷纷斥以巨资兴建人才发展中心实体基地。这些设施先进、功能完备、环境一流的实体基地，在科学的运营与管理下，为企业发展带来了巨大的商业价值。

（一）彰显重视员工发展的企业意志

人才是第一资源，员工发展对于企业的重要性早已不言而喻。但实际上，当企业遇到经营困难需要降本增效、开源节流时，通常考虑的举措便是压缩员工培训费用、减少培训岗位编制。"说起来重要，做起来次要，困难时候就想抛掉"，这是企业培训工作经常遭遇的窘境。企业决定建设人才发展中心，这本身表明企业已经将人才发展和员工培训工作视作企业战略层面的重要事项，而投入"真金白银"为人才发展中心专门建设实体基地，更是彰显了企业的战略意志和对于员工发展的高度重视。通过建设实体基地，企业对于员工培训工作的重视得以有形化，并为企业员工亲眼所见和真实体验，由此也让员工切实感受到企业对于员工培训和人才培养的重视。对于具有条件和能力的企业来说，建立人才发展中心实体基地与否，是识别其是否真正重视员工培训的最重要、最直接的检验标尺。在相当程度上，实体基地的建成被当作是人才发展中心建成的重要标志。那些本来有条件、有能力但迟迟不愿投入资源启动实体基地建设的企业，显然不足以向员工、向外界展示其建设人才发展中心的决心和意志。而且，这种情形又将会给员工一种普遍的感觉：企业并不是真的重视员工发展工作，就算敲锣打鼓成立了人才发展中心也只是挂个牌子而已，并没有真正的作用。这种意识一旦形成，将对人才发展中心的后续建设与发展造成不利的影响。

（二）创造更加优越的员工学习环境

兴建人才发展中心实体基地，主要目的是满足培训工作的需求，创造或改善人才发展中心的办学条件，为员工培训和学习提供更好的场地、设施和环境，以实现员工学习效果更好、培训综合效益更高。人才发展中心根据成人学习的特点要求，采用新的学习理念和学习技术兴建实体基地，建造更为专业的软硬件设施，为员工学习创造便利的条件、营造优越的环境，进而促进和保障学习效果。一是实体基地创设的相对独立的学习环境，将更加方便人才发展中心组织开展封闭式、成建制的培训项目，能为企业员工的学习交流和思想碰撞提供更好的条件，创造更多的机会。二是在实体基地内实施培训项目可有效避免参训员工被工作事务打扰，使之能够集中精力参加学习，保障学习效果。三是培训项目集中在实体基地开展，能够促进培训活动的集约化管理，有利于提升企业管理效率。实体基地的建成有利于集中和统筹企业内部培训资源，特别是对于那些规模较大、跨地域经营的多元化集团企业，人才发展中心实体基地能够发挥"总部"效应，更好地实现各类培训资源的高效配置和利用。

（三）建设员工为之向往的精神家园

人才发展中心及其实体基地的建成是企业推动实现员工与企业共同发展目标的一项重要举措，这将极大增强员工对于企业重视员工发展的认同，也能有力促进员工在企业人才发展政策制度的牵引下激发自主学习热情。人才发展中心承担教书育人的职责，是传承企业知识与经验、传播企业文化、助推战略落地、激发创新思想的重要机构。人才发展中心所承担的职能、所发挥的作用、所实现的效用，在员工看来，最后都承载于物理形态的人才发展中心实体基地之上。人才发展中心不同于其他部门，它面向企业全体员工开放和服务，更具有公共性，是企业内最为典型的公共空间，是企业员工学习、发展、创新的公共平台。人才发展中心实体基地的建立和存在，以及实体基地所营造出的环境氛围，能够让员工直接而真切地感受到企业的文化和发展成果。员工走进人才发展中心（实际上是走进人才发展中心的实体基地）参加学习、交流、思考、创新等活动，能真实感受到企业对于员工发展的投入和重视，以及认识到人才发展中心是自己能力提升、职业发展的重要加速器。在这种感受和认知的叠加下，员工对工作和学习更容易产生亲近感，更容易对企业产生归属感。当人才发展中心的实体基地（硬件）与人才发展中心的学习项目（软件）融合一体、服务于员工时，实体基地即人才发展中心，人才发展中心即实体基地，成为企业全体员工的共同精神家园和心灵归属。对于那些跨地域经营的多元化企业来说，精神家园的效应更为明显，因为人才发展中心已经成为企业统一文化价值观和传播企业精神意志力的重要载体。

（四）成为服务业务发展的重要载体

人才发展中心实体基地有利于企业建立积极的社会形象，绝大部分人才发展中心的实体基地都已经成为企业对外展示的一张靓丽名片。实体基地成为人才发展中心服务业务发展的重要载体，主要是指它能够发挥场地的功能和作用，帮助企业在更多途径、更宽层次上推动开展市场营销和业务拓展活动。一方面，人才发展中心借助实体基地能够更方便、更有效地协同业务部门，接受供应链上的合作伙伴前来交流参访和学习研讨；另一方面，通过实体基地，人才发展中心还可以拓展知识业务，主动向价值链上各方提供相关培训、研究、咨询等产品和服务。人才发展中心实体基地的硬件设施能让前来的客户、供应商、合作伙伴认识和感受到本企业强大的生产能力、服务能力、提交解决方案的能力，以及企业的优秀文化和合作诚意。实体基地能彰显企业文化、富有企业特色，人才发展中心为外部伙伴提供服务、密切联系，不仅能实现知识信息的交互，而且能透过实体基地所营造的文化氛围输出企业的文化与价值观，进一步扩大企业在供应链上和生态圈中的影响力，进而拓展本企业与供应链伙伴的合作深度与广度，增进客户与供应商对于本企业的忠诚度，巩固供应链的稳定，加强生态圈的繁荣。人才发展中心的实体基地还可以根据需要承担企业履行社会责任和对外交流、展示形象的任务，以及成为企业召开重要会议、举办重要活动的场所。

这四个方面的效应，可以理解为实体基地所能创造的价值，也是企业论证是否建设人才发展中心实体基地时可以考虑的因素。

二、人才发展中心实体基地的建设内容

人才发展中心实体基地的功能定位决定了其建设内容和设施配置。

（一）教学设施

人才发展中心实体基地首先是员工培训的基地，需要建设一批专业性的教学设施。一是教室，目前主流的教室形式有阶梯式环绕的哈佛教室，可开展小组学习、分组讨论、桌椅可移动的平面教室，以及用于部分面授培训、在线学习以及学员测试、考试的电脑教室等。二是用于团组讨论、共创的研讨室（会议室），研讨室一般面积不大，但相对比较独立。通常可根据场地实际，对大面积的平面教室进行灵活区隔。三是实训室，其设计和建设应根据企业业务特性进行，比如制造型企业模拟生产线流程和工艺场景的实训工场，服务型企业模拟客户服务窗口的实训营业厅。四是演播室，配有专业的灯光、音响及其他多媒体设施的专业化教室，主要用于远程直播、视频教学。五是课程制作室，是可为讲师或学员开发课程、录制视频、制作课件，并配有相关设备的专门场

地。六是大型会议厅或礼堂，适用于召开大会、开设讲座、举办报告会、观看影视等群体性活动。还有的企业开发建立了仿真训练教室。

（二）生活设施

人才发展中心实体基地一般应具有餐饮、住宿承接能力，以满足学员集中脱产学习的食宿需要，因此需要配有厨房、餐厅（自助餐厅、包厢）、学员公寓、自助洗衣房等相关设施，以及实体基地运维人员的餐饮住宿等生活设施。

（三）文体设施

为满足学员培训之余的文化生活、体育锻炼等方面的需求，人才发展中心一般都会在实体基地内建有文体设施。一是图书阅览室，包括提供安静的阅览场地以及图书借阅服务等；二是各类室内外体育健身设施，比如健身房、乒乓球室、台球室、羽毛球场、篮球场、田径场以及游泳池等；三是益智棋牌室、文娱活动室等。

（四）创新、交流、展示等相关设施

人才发展中心实体基地被视为企业对外交流和形象展示的窗口与宣传企业文化的阵地，因此在实体基地的建设过程中，还需要考虑此类功能所对应的设施需求，建设适用于企业创新活动的场地设施，建设能够展示企业发展历程、文化理念、使命愿景、战略规划以及产品与服务、成果与荣誉的相关设施，有的还会专门建设演示企业前沿技术、未来产品的区域。

三、建设人才发展中心实体基地需要考虑的几个重要问题

建设人才发展中心实体基地从决策到实施一般要经过分析和确定需求、确定基地规模、选择建设模式、确定建设预算、工程设计与施工等相关流程（见

图8-2），这些主要流程也是论证和规划人才发展中心实体基地建设时所需通盘考虑的基本问题。

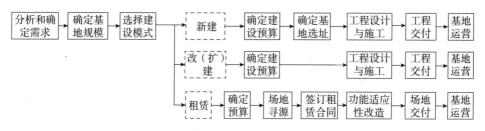

图 8-2　人才发展中心实体基地建设流程

注：场地寻源是指去寻找适合做基地并能保证一定租赁周期的物业资源。

（一）为什么要建实体基地

这个问题最具根本性。人才发展中心实体基地是一项金额巨大的投资，也是关乎企业人才发展战略的长久之策，企业不应只为解决当前所需，更要以发展的眼光来谋划这一投资。投入与产出之间的关系是企业做出任何一项投资决策时所需要研究透彻的。投资兴建人才发展中心实体基地，要从企业战略发展的需求、企业当前实际和实体基地可创造的价值等多个方面来考虑，即不仅要看到实体基地的价值效应，还要结合企业的发展现状、发展战略，在系统梳理、分析和鉴别对实体基地需求的基础上统筹规划、科学决策。从已有的经验来看，建设自有的人才发展中心实体基地的大多是步入稳定发展阶段或进入成熟期的企业，这类企业通常具有较强的资金实力，而且对人才发展中心实体基地的需求普遍紧迫，急需有专门的、专业化的场地设施来开展人才开发、员工培训等相关活动。

（二）建设多大规模的实体基地

基地规模即基地容量，这是由企业的需求来确定的，它既要满足企业当前需要，也要为其未来发展留有空间。基地的规模既关系到基地建设的投资预算，也关系到其建成后的运营效率。基地规模不是越大越好，贪大图全只会造成使用效率低下，导致资产闲置、资源浪费。企业要在全方位、系统性分析对于实体基地需求的基础上，根据人才发展中心的功能、职责、服务的对象、主办的项目，分析所能承载培训量等因素，进而确定人才发展中心实体基地的建设规模。也就是说，确定实体基地的规模通常要综合考虑三个方面的因素，一是企业对于人才发展中心的功能、职责要求，比如在人才培养方面是否需要承担对外交流、供应链业务拓展等方面的职能；二是人才发展中心的业务规模有多大，工作量有多少；三是需要由实体基地承载的业务量的规模，因为人才发展中心的部分业务不一定非在实体基地内开展，要以经济、高效为原则，合理确定实体基地的业务承载规模。

（三）以什么方式建设实体基地

人才发展中心实体基地的建设有新建、改（扩）建和租赁三种常见的模式。新建是指企业新辟地址建设实体基地；改（扩）建是指企业在原有基地上为适应和满足人才发展中心的业务需求进行场地设施的改建、扩建；租赁则是企业较长时间租用某一现成（或毛坯状态）的物业作为人才发展中心的实体基地。选择何种模式建设基地，应立足于企业的实际，要满足人才发展中心开展工作的需要。"新建"模式下，基地建设成本投入高，但在基地功能建设上所受的制约少；"改（扩）建"模式相对来说可以减少土地成本，但在一定程度上会受原有建筑限制，可能影响基地某些功能的实现；"租赁"模式下，企业可以根据需要对场地进行功能性改造，以满足人才发展中心个性化的需求，而且这种模式下企业支出的成本相较于前面两种模式是最少的，但是，也存在业主提前解约等风险和员工认可度、归属感不强等不利因素。在以上三种常见模式之外，还有一些企业选择与合作企业联合建设实体基地，但这种模式并不多见；另外，有些产业园区会为入驻企业提供培训等场地设施，但以这种方式建设的实体基地本质上并不在我们所讨论的人才发展中心的范畴之内。

（四）以多少预算建设实体基地

企业在分析确定需求并确定基地的建设规模和建设模式后，基地建设预算就基本可以框定了。根据这个框定的预算，启动人才发展中心基地选址或工程的改（扩）建或寻找合适的可租赁的场地进行适应性改造，并依此预算，确定基地的具体功能设施。人才发展中心实体基地建设的具体预算是从其所需承担的培训等方面的功能需求开始进行推算的，在相关功能的需求明确后，便可确定基地建设的内容，进而得出建设成本。实体基地的建设成本主要包括土地成本和工程建筑成本，其中土地成本与实体基地的选址密切相关，工程建筑成本的估算可分为建筑主体工程、建筑外饰工程、内装饰工程、机电设备工程、辅助设备工程（厨房、室内运动设施）、室外工程（室外运动场地、基地内道路、绿地、景观等）。有关工程建设成本的精确计算可委托专业公司来配合完成。基地建设预算的规模既体现了企业本身的经济实力，也体现了企业对于建设人才发展中心的决心和意志。实体基地建设的预算并不是越多越好，也不能认为预算少了就难以完成高质量的实体基地建设，预算最终取决于企业对于人才发展中心及其基地的功能定位、职责要求和任务需求，通俗地说，就是"做多大事，用多少钱"。确定了人才发展中心的功能容量和基础建设需求后，再进一步根据规划面积、选址以及现有改扩建基础，就能够计算清楚人才发展中心所需硬件设施建设的预算情况。在建设人才发展中心实体基地时，不应盲目求大求全，追求奢华和气派，而是要"求精、求好、求功能匹配、求价值最大化"，要通过合理的预算确保基地工程建设顺利完成，确保基地建成后其功能能够满足实际需求，能充分展示和发挥基地的效应与价值，为企业绩效改善和企业战略实现提供有力支撑。

（五）在哪里建实体基地

人才发展中心实体基地的选址，根据其与企业总部的地理位置关系来划分，大概有三种情况，一是与总部在一起（同一栋大楼或同一个大院、园区内）；二是与企业总部在同一个城市（公共交通可以抵达）；三是在企业总部之外的某一行政区域。实体基地的选址，总的来说，就是要在确定的预算下做出最优的选择，这需要考虑一系列因素，其中，成本因素相对突出。土地价格在基地工程建设成本中占比重大，在企业总部位于一线城市的情况下，如果实体基地与企业总部在同一城市，基地建设成本将显著增加；如果选址在企业总部周边行政区域，土地成本将会大幅降低。除了影响工程建设成本外，地理位置的选择也会对基地运营管理成本产生直接影响。当企业总部与基地同属一地时，基地运营管理、学员参训等方面产生的费用是相对较低的；若非如此，其运营成本将会增加不少，特别是在业务量大的情况下，异地选址的实体基地将会造成企业经济成本和时间成本双双高企。实体基地的选址，不能只考虑成本，还要时刻关注是不是有利于人才发展中心功能作用的发挥。比如，实体基地与企业总部同属一地时，将为企业高层指导人才发展中心的工作创造更为便利的条件，也有利于人才发展中心与总部各部门保持业务联系，承担对外交流、品牌展示等功能，以及为人才发展中心吸引优秀的专业人才，对于跨区域经营的企业来说也更能发挥"总部效应"。从目前的实践来看，最理想的情况是，人才发展中心的实体基地与企业总部同属一个城市，但并不在同一栋大楼或园区，这一模式下的人才发展中心实体基地相对独立，学员参训将有效避免被打扰，而且基地的运营管理也不会与总部脱节，各类成本也将得到合理控制。

（六）如何设计实体基地设施

企业对人才发展中心实体基地的具体需求决定了实体基地内的设施配置。实体基地内各设施的设计，要确保其在数量与功能上满足基地正常运行和发挥作用的需求。比如教学设施，在数量上，要根据培训工作的需求确定实体基地单日最大承载容量，以及每年最多能承担的培训人次，由此计算基地内需要配置多少间教室（以及其他各专业教学场所），各个教室大小面积如何规划。同时在功能上要采用先进培训理念规划设计基地建筑和教学场所，并为各场所配置专业教学设备，使之既能应用新的学习技术，又满足专业要求，能够有效支撑各项学习活动的开展，并使教学者和学习者都能获得良好的使用体验。在教学设施外，还需要确定生活设施、文体设施以及创新、交流、展示等相关设施的规模和功能。比如，应建设多大规模的学员公寓（多少间单人间和双人间宿舍），建设多大面积的餐厅，如何设计配置餐厅和公寓内部设施，以及文体设施和创新、交流、展示等相关设施。不同类型的企业，对于人才发展中心实体基地设施的设计和建设也不尽一致。生产制造型企业为加强生产工艺技能的培训，会在实体基地内设有实训工场、生产仿真实训模拟系统；而服务型企业对网络、远程教育设备模拟以及其他多媒体设施的需求更为典型，比如电信企业可以设计营业服务场景模拟，而银行等金融企业则需要设计个人理财工具教学系统、外汇市场模拟系统以及客服模拟等虚拟教学设施和教学系统。此外，企业的规模及其经营地域对人才发展中心实体基地的建设也会有影响，那些业务经营地域广的企业（比如全国性经营的银行、电信、保险企业），在实体基地的设施建设过程中就十分注重如何统筹员工在线学习系统的建设。

（七）如何运营管理实体基地

实体基地建成后的运营管理十分重要，它直接关系到实体基地能不能真正发挥出预期的作用。为保证人才发展中心日常运维服务的专业品质，同时实现运营成本的优化管理，实体基地的餐饮、学员公寓、后勤服务、物业管理等相关运维工作大多是由人才发展中心委托社会专业机构承担。实体基地的运营管理一要保障人才发展中心及其实体基地的功能得到正常发挥；二要不断提升运营管理的质量；三要合理管控实体基地的运营成本。人才发展中心对实体基地负有管理职责，在基地建成后，要在人才发展中心的管理体系内建立完善的基地设施管理制度，如资产登记制度、培训场所及设备设施使用情况登记和核检制度等，通过加强对基地内各受托单位的管理，确保所有设备设施功能的正常运转和规范使用。同时，要通过合理的组织设计、流程优化、管理精细化，实现人工成本、运维成本和培训项目实施成本等运营成本的持续优化。

（八）在建设人才发展中心实体基地之外还有其他选择吗

建设自己的实体基地是企业的一种理想选择。但是，有的企业，暂不具备建设条件，无法按照前述三种模式建设自己的人才发展中心实体基地，只能使用企业办公楼内非专业性的场地或临时租用外部会议场地实施项目。是否拥有实体基地不是决定人才发展中心作用和价值的关键因素，人才发展中心的实力构成包括实体基地所形成的硬件实力，更要有建立全员学习发展体系、策划实施高质量学习发展项目、提供丰富优质学习资源的软实力。不能因为暂时不能建设实体基地而停止或抛弃对人才发展中心的建设。在建设实体基地之外，人才发展中心要通过不断增强自身软实力来弥补硬件上的缺失，要强化有效整合社会资源的能力，积极统筹运用社会资源，以有效克服暂时没有实体基地所带来的消极影响。

结　语

企业在创建人才发展中心的实际过程中，所面临的问题总是纷繁复杂的，而且，不同的企业创建人才发展中心所遇到的实际挑战与难题也一定会有所差别。在前面的章节中，我们试图为有质量地建成人才发展中心提供一份指引和参照。但是，我们应当十分清醒地认识到，让不同的企业拿着同一份指南按图索骥，轻轻松松地把人才发展中心建起来，这是不切实际的设想，也是几无可能实现的愿望。因为，在企业创建人才发展中心的过程中，一定还会有很多无法通过这样一份手册或那样一本指南就能全部回答的问题出现。

问题的出现并不可怕，可怕的是没有分析问题、解决问题的工具与方法。本书虽然不能解决所有企业在人才发展中心建设过程中遇到的疑难与挑战，但对于关键、重大的问题，我们已经为企业建设人才发展中心给出了思路、提供了方法、规划了步骤、明确了重点。换言之，分析和解决这一系列关乎人才发展中心高质量创建的最基础和最核心的问题，不仅能帮助我们从理论、概念的层面掌握创建人才发展中心的基本思路、步骤、工具和方法，而且也可以起到"手把手"引导我们完成从无到有创建人才发展中心的实践效果。当然，如前所述，在企业创建人才发展中心的过程中，必然会遇到某些个性化的问题，以及一些十分具体的技术性问题，而且可能无法从我们已有的论述里直接获得答案，但这些问题对于建成人才发展中心并不具有决定性、根本性的影响。

企业人才发展中心的建成，无疑是一件特别值得庆贺的大事件。但人才发展中心的顺利建成不是我们的最终目的，让人才发展中心保持高质量运营，真正发挥出它应有的战略价值与效用，为企业获得超预期的回报，这才是我们需要去实现的根本目标，也是我们需要去思考和回答的紧迫课题。

"运营"是企业人才发展中心建成后能够发挥作用、创造价值的关键所在，是人才发展中心运营管理团队的必修课。高质量的运营将释放人才发展中心所蕴含的力量，也将赋予人才发展中心新的生命。如何保障人才发展中心建成后能有效、高质量的运营？这是一个不能等到人才发展中心建成后才被关注和讨论的问题，而是一个应当贯穿人才发展中心设计、规划、创建始终的基础命题。企业人才发展中心的设计、规划和创建者们，要主动用这一问题来叩问、提醒和告诫自己，要坚持以终为始的思维，建立客观务实的意识，确保建成后的人才发展中心能落地、运营，而不能等到建成之后才发现它是一个看起来很美、用起来不顺的摆设。

后 记

　　2020年，一场突如其来的新冠肺炎疫情以汹涌之势席卷全球，与百年未有之大变局交织叠加，深刻地改变着世界。2020年，在受疫情影响而居家办公的一个月里，我有时间对多年来一直在实践、观察和琢磨的问题——如何从无到有创建并在建成后高质量运营一家企业人才发展中心，做了一次系统的思考和梳理，形成了30多万字的书稿。

　　自研究生毕业加入宝钢集团起，我便一直从事企业培训工作。十余年来，企业人才发展中心的建设与运营几乎构成了我工作的全部，也逐渐成了我的研究兴趣。在企业人才发展中心，我曾全面且深度参与了其日常运营管理，起草过有关人才发展中心组织变革与业务规划的方案，还在筹建企业人才发展中心的项目中负责过关键任务模块，主持过一系列相对重要的学习发展项目，也为一些企业提供过人才发展中心建设方案、团队赋能等咨询服务。或许正是这样的经历，让我的研究成果既能具有一线工作者的真切与细腻，也能较好地体现一个操盘者的全局视野和系统思维。

　　心存感恩，怀抱敬畏。

　　本书的出版首先要感谢我曾经工作过的单位，特别是宝钢人才开发院。宝钢人才开发院一直是国内企业人才发展中心建设的标杆。在此服务期间，我得到了系统学习和全面实践的机会，并在领导们的悉心指导下，持续开展企业人才发展中心对标研究工作，掌握了不少国内外人才发展中心建设的资料。在宝钢集团工作期间获得的认知与实践是本书最重要的起源和基础。其次要感谢我服务过的中国太保，让我有时间去系统思考人才发展中心的建设与运营问题，并能把这些思考付诸文字。

每一个人都不是孤立的存在，任何一件做成的事情背后，都离不开家人的支持。我要感谢我的父母、妻子和一双儿女。我是一个自诩率真其实任性的人，虽然屡屡被生活教训，也年过不惑，但在心底却一直在抗拒"成熟"。如果没有家人的温暖和宽容，我又怎么能如此心安平静地坚守和前行呢？

由衷感谢秦长灯先生和姚凯教授在百忙之中拨冗为本书作序。长灯先生是宝钢人才开发院创院院长，是企业学习和人才发展领域的著名专家，也是我最尊敬的职业导师之一。他对我一直关怀备至，即便在我离开宝钢集团之后仍时时予以关心和指导，这本书有许多内容就直接受益于长灯先生当时对我的教育和辅导。承蒙学业导师唐亚林教授扶持引荐，我才有机缘认识姚凯教授。姚老师是国内知名的人才管理理论学者，长期从事 HRDM、OB 及 Strategic Management 的教学与科研，同时拥有丰富的企业实践经验。姚老师学识渊博、温文儒雅、平易近人，提携后学不遗余力，让人钦佩和喜爱。两位方家欣然命笔作序，是我个人的荣幸，更令本书十分增色。

这是一本读者群体比较小的专业书，但我仍然想借此机会向一直给予我信任、鼓励、支持、认可、关心以及各种帮助的亲人、老师、领导、同学、同事、朋友，还有我曾经服务过的客户表达由衷的感谢。无论你们是否能够看到这里，我对你们的感谢分毫不减、始终不变。

我要特别感谢 GHR 环球人力资源智库及其创始人赵存银先生，是他们的鼓励和信任，让我的研究和思考能够得以用书本的方式分享给大家。还要感谢机械工业出版社和"智读汇"的柏宏军先生，正是因为他们的出色工作，本书才能顺利面世。

感谢读者诸君。囿于个人见识与能力，书中必定有不少不尽如人意的地方，甚至还有谬误之处，恳请大家批评指正。

GHR 企业简介

使命：引领 HR 下一个 10 年的成长，推动中国企业人力资源效能的提升

GHR 成立于 2013 年，总部位于上海，是一家以互联网新技术为驱动的新型企业管理顾问服务集团。GHR 致力于全球人力资源智慧共享及商业实战咨询，成为企业的共享专家智库、共享企业大学、共享人力资源部。服务过的企业超 8000 家，其中知名大客户有华为、三星、京东、阿里巴巴、腾讯、工商银行、松下等世界 500 强企业 200 多家。新媒体读者人数超 200 万，新媒体内容年曝光量近 1 亿次，全球合作的智库专家 1000 位。

- **三大业务板块**

HR 与管理者成长赋能、企业管理效能解决方案、媒体与会展等企业服务生态圈。

- **五大专业领域**

专业产品涵盖人力资源效能诊断提升、领导者培养、人才发展、业务赋能和数字化转型五大专业领域，服务对象涵盖经营决策层、业务管理层、HR 三大群体。

- **强大的资源整合能力**

GHR 智库专家拥有一线实战、前沿创新、国际化的多元背景，能够有效整合三大业务板块和四大专业领域的生态资源，与欧洲 SKEMA 商学院、中国人民大学商学院、德勤、领英、淘宝教育等数十家国内外顶尖的咨询机构和知名大学都建立了深度合作关系，为客户提供全面系统、丰富周到、优质实惠的专业服务。

- **杰出的专业研究能力**

GHR 研究院专家能够为客户定制设计、开发、实施各类人力资源和人才发展项目，现已成功打造由系列特色服务项目、专业解决方案、独有版权课程等组成的知识性产品体系，包括："人效制胜"系列解决方案、"跨越经理人"领导力提升解决方案、人才发展系列解决方案（见下图）、业务赋能系列解决方案、数字化转型系列解决方案等。

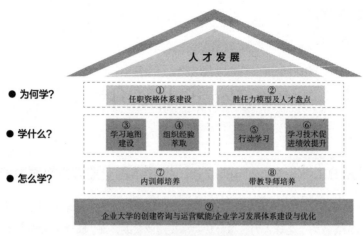

人才发展系列解决方案模型图

咨询电话：400-696-2298

公司网址：www.ghrlib.com

电子邮箱：service@ghrlib.com

公司地址：上海市长宁区SOHO中山广场B座7楼

欢迎关注 GHR 环球人力资源智库公众号